KÖNIGS ERLÄUTERUNGEN
Band 215

Textanalyse und Interpretation zu

Joseph von Eichendorff

AUS DEM LEBEN EINES TAUGENICHTS

Walburga Freund-Spork

Alle erforderlichen Infos für Abitur, Matura, Klausur und Referat
plus Musteraufgaben mit Lösungsansätzen

Zitierte Ausgaben:
Von Eichendorff, Joseph: Aus dem Leben eines Taugenichts. Hamburger Lesehefte Verlag, Husum/Nordsee 2010. Hamburger Leseheft Nr. 5. Heftbearbeitung: F. Bruckner und K. Sternelle (Text in neuer Rechtschreibung, Textverweise sind mit **HL** gekennzeichnet)
Von Eichendorff, Joseph: Aus dem Leben eines Taugenichts. Reclam UB (2354). Hrsg. v. Hartwig Schulz. Stuttgart 2001 (Text in neuer Rechtschreibung, Textverweise sind mit **R** gekennzeichnet)

Über die Autorin dieser Erläuterung:
Walburga Freund-Spork, Studium der Germanistik und Geschichte an der Universität Münster. Realschullehrerin, Fachleiterin für das Fach Deutsch Sekundarstufe I, Mitautorin des Lehrplans Deutsch für die Sekundarstufe I (NRW), Referentin für Fort- und Weiterbildung bei der Bezirksregierung Detmold, stellv. Seminarleiterin am Studienseminar Sek. I in Paderborn.
Frau Freund-Spork ist Autorin von Interpretationen und Lernhilfen namhafter Verlage.

Das Werk und seine Teile sind urheberrechtlich geschützt. Jede Verwertung in anderen als den gesetzlich zugelassenen Fällen bedarf der vorherigen schriftlichen Einwilligung des Verlages.
Hinweis zu § 52 a UrhG: Die öffentliche Zugänglichmachung eines für den Unterrichtsgebrauch an Schulen bestimmten Werkes ist stets nur mit Einwilligung des Berechtigten zulässig.

4. Auflage 2017
ISBN 978-3-8044-1940-7
PDF: 978-3-8044-5940-3, EPUB: 978-3-8044-6940-2
© 2003, 2010 by C. Bange Verlag, 96142 Hollfeld
Alle Rechte vorbehalten!
Titelbild: © ullstein bild – Peter Arnold Inc.
Druck und Weiterverarbeitung: Tiskárna Akcent, Vimperk

INHALT

1. DAS WICHTIGSTE AUF EINEN BLICK – SCHNELLÜBERSICHT

6

2. JOSEPH VON EICHENDORFF: LEBEN UND WERK

11

2.1 Biografie

11

2.2 Zeitgeschichtlicher Hintergrund

21

Französische Revolution und Koalitionskriege

21

Restaurationszeit, Liberalismus
und Revolutionsbewegungen

23

2.3 Angaben und Erläuterungen zu wesentlichen Werken

26

3. TEXTANALYSE UND -INTERPRETATION

31

3.1 Entstehung und Quellen

31

3.2 Inhaltsangabe

34

Aufbruch aus der Mühle und Aufnahme
als Gärtnerbursche im Schloss (1. Kapitel)

34

Zolleinnehmer im Schloss (2. Kapitel)

37

Aufbruch nach Italien und Bekanntschaft
mit den Malern Leonhard und Guido (3. Kapitel)

39

Fahrt durch die Lombardei mit den Malern
Leonhard und Guido und Trennung von den
Reisegefährten (4. Kapitel)

41

Fahrt durch die Berge und Ankunft im Schloss
in den Bergen (5. Kapitel)

42

Aufenthalt im Schloss und Flucht (6. Kapitel)

43

Ankunft in Rom und die Begegnung mit
einem Maler und anderen Landsleuten
(7. Kapitel) — 45
Gartenszene bei Rom und überstürzter Aufbruch
aus der Stadt (8. Kapitel) — 46
Aufbruch nach Wien mit den Studenten,
Fahrt auf der Donau (9. Kapitel) — 49
Wiedersehen mit der schönen gnädigen Frau
und Auflösung der Konfusion (10. Kapitel) — 50

3.3 Aufbau — 53
Der Aufbau der Handlung — 53
Übersicht und Chronologie der Kapitel — 53

3.4 Personenkonstellation und Charakteristiken — 58
Die Hauptfigur — 59
Nebenfiguren — 62

3.5 Sachliche und sprachliche Erläuterungen — 65

3.6 Stil und Sprache — 72

3.7 Interpretationsansätze — 79
Der *Taugenichts* als Glücksmärchen — 80
Der *Taugenichts* als Musterbeispiel
ironischen Erzählens — 82
Der *Taugenichts* als romantische Programmnovelle — 83

4. REZEPTIONSGESCHICHTE 87

Stimmen anerkannter Dichter 87
Stimmen von Kritikern 88
Stimmen von Literaturwissenschaftlern, unter Berück-
sichtigung der NS-Zeit 89
Adaptionen des *Taugenichts* 90
Literarische Bearbeitungen des *Taugenichts* 91

5. MATERIALIEN 92

6. PRÜFUNGSAUFGABEN
MIT MUSTERLÖSUNGEN 97

LITERATUR 109

STICHWORTVERZEICHNIS 112

1 SCHNELLÜBERSICHT	2 JOSEPH V. EICHENDORFF: LEBEN UND WERK	3 TEXTANALYSE UND -INTERPRETATION

1. DAS WICHTIGSTE AUF EINEN BLICK – SCHNELLÜBERSICHT

Damit sich jeder Leser in dem vorliegenden Band rasch zurecht-findet und das für ihn Wichtige gleich entdeckt, findet sich im Folgenden eine Übersicht.

Im 2. Kapitel beschreiben wir Joseph von **Eichendorffs Leben** und stellen den **zeitgeschichtlichen Hintergrund** dar.

⇨ S. 11 ff.
→ Joseph von Eichendorff lebte von **1788 bis 1857.** Geboren wurde er auf Schloss Lubowitz bei Ratibor in Oberschlesien. Das Gymnasium besuchte er in Breslau. Das Studium und seine spätere Arbeit als Jurist führten ihn durch ganz Deutschland. Stationen waren Danzig, Königsberg, Berlin und Wien.

⇨ S. 14 ff.
→ In seine Lebenszeit fielen die Wirren der **Französischen Revolution** mit ihren Auswirkungen auf Europa, das sich mit Frankreich ab 1792 in **fünf Koalitionskriegen** auseinandersetzte. An den **Befreiungskriegen** (1813–1815) gegen Napoleon nahm Eichendorff aktiv teil. Preußen profitierte durch erhebliche Territorialgewinne.

⇨ S. 23 ff.
→ Mit der Industrialisierung schritt die Verelendung des Proletariats voran.

⇨ S. 24 f.
Ab 1848 wurde in der **Frankfurter Paulskirche** eine **Verfassung** erarbeitet, die die Beschneidung der landesherrlichen Rechte zugunsten von Liberalisierung und demokratischen Tendenzen vorsah.

Die unter Druck gegebenen Verfassungsversprechungen wurden nach 1848 zumeist nicht eingehalten. Nach Protesten und Barrikadenkämpfen in Berlin, vor denen Eichendorff nach Wien

| 4 REZEPTIONS-GESCHICHTE | 5 MATERIALIEN | 6 PRÜFUNGS-AUFGABEN |

floh, wurde 1850 der **Deutsche Bund** wieder hergestellt. Auf die
wechselvollen Geschichtsphasen reagierte Eichendorff vor allem
in katholischen Angelegenheiten direkt.

⇨ S. 25

→ Frühester Entwurf zum *Taugenichts* stammt von 1822, zweiter
   Entwurf zu den ersten beiden Kapiteln von 1823, abgedruckt
   in den *Deutschen Blättern* (Breslau) unter dem Titel *Der neue
   Troubadour*. Zuvor war Eichendorff vor allem mit seiner Lyrik,
   die durch eingängige Vertonungen Volksliedcharakter erhalten hat, bekannt geworden.

⇨ S. 27 f.

Im 3. Kapitel wird eine Textanalyse und -interpretation angeboten.

Aus dem Leben eines Taugenichts – Entstehung und Quellen:

Die Handschrift zum *Taugenichts* trägt den Titel *Der neue Troubadour*. Diese dann in Breslau gedruckten Seiten bilden die ersten
beiden Kapitel der Novellenfassung, die 1826 in Buchform zusammen mit dem *Marmorbild* vorgelegt worden ist. Wie weit der
Taugenichts über die abgedruckten Kapitel hinaus 1823 gediehen
war, ist unbekannt. Bekannt ist jedoch, dass Eichendorff erst in
der endgültigen Fassung des Textes „die schöne gnädige Frau"
dem Adelsstand enthoben und zur Nichte des Portiers gemacht
hat. Auf diese Weise wurden die Standesgrenzen eliminiert und
der Glückserfüllung des Helden stand nichts mehr entgegen.

⇨ S. 31 ff.

| 1 SCHNELLÜBERSICHT | 2 JOSEPH V. EICHENDORFF: LEBEN UND WERK | 3 TEXTANALYSE UND -INTERPRETATION |

Inhalt:

⇨ S. 34 ff.

Die Novelle umfasst 10 Kapitel. Die Hauptfigur ist der Sohn eines Müllers, den sein Vater aufgrund seiner Faulheit und Ziellosigkeit Taugenichts nennt. Der Taugenichts macht sich in die Welt auf und lässt sich auf seiner Reise bis nach Italien treiben. Schließlich findet er sein Glück jedoch auf einem Schloss in Wien, wo er eine unnahbar geglaubte Dame heiratet.

Chronologie und Schauplätze:

⇨ S. 53 ff.

Von der Mühle seines Vaters gelangt der Taugenichts in ein Schloss bei **Wien**, wo er zum Gärtnerburschen und Zolleinnehmer wird und sich in „die schöne gnädige Frau" verliebt. Wegen der Aussichtslosigkeit der Liebeserfüllung bricht er nach **Italien** auf. Auf dem Weg macht er die Bekanntschaft mit den Malern Leonhard und Guido, von denen er auf der Fahrt durch die **Lombardei** getrennt wird. Er gelangt zu einem **Schloss in den Bergen**, wo er durch eine Verwechslung fürstlich bewirtet wird. Als die Täuschung auffällt, flieht er und macht sich erneut auf die Reise. In **Rom** angekommen, begegnet er wiederum einem Maler und anderen Landsleuten. Er trifft erneut die Kammerjungfer der „schönen gnädigen Frau", die ihn zu einer Verabredung mit der „schönen jungen Gräfin" einlädt. Er folgt dieser Einladung, muss aber erkennen, dass es sich nicht um seine, sondern um eine andere schöne Gräfin handelt, während die seine längst wieder in **Wien** ist. So beschließt er, in sein Zollhäuschen und ins Schloss zurückzukehren. Dort wird der Taugenichts überraschend feierlich aufgenommen, die Liebeskonfusion löst sich zugunsten der Liebenden und fügt sich zu einem glücklichen Ende.

| 4 REZEPTIONS-GESCHICHTE | 5 MATERIALIEN | 6 PRÜFUNGS-AUFGABEN |

Personen:

Die Novelle führt eine Fülle von Personen auf, deren Bedeutung allein funktional auf die Hauptperson des **Taugenichts** gerichtet ist.

⇨ S. 58 ff.

→ Der Taugenichts ist der Prototyp des romantischen Menschen, dessen Lebenslauf von immer neuen Aufbrüchen bestimmt ist. Seine Lebensziele und Gemütsstimmungen unterscheiden sich grundlegend von denen der Philister.

→ Die Philister sind dadurch gekennzeichnet, dass sie sich im Alltag mit Schlafrock, Pfeife, Nachtmütze und Kartoffelanbau zufrieden geben. Als Prototyp des Philisters kann der alte Zolleinnehmer gelten.

Stil und Sprache Eichendorffs:

→ Stil und Sprache Eichendorffs weisen ihn als Spätromantiker aus.

⇨ S. 72 ff.

Untersucht werden vor diesem Hintergrund

→ die Syntax
→ das Spektrum bildlicher und räumlicher Darstellung (Wie-Vergleiche, Landschaftsdarstellung)
→ Perspektiven (Ich-Erzählweise, Fensterblick)
→ Antinomie zwischen offenen und geschlossenen Räumen
→ Bedeutung der Tageszeiten
→ Umgang mit Ironie
→ die stimulierende und strukturierende Funktion der eingestreuten Lyrik

AUS DEM LEBEN EINES TAUGENICHTS

Drei Interpretationsansätze werden angeboten:

⇨ S. 79 ff.

→ Der Taugenichts als Märchenheld (Benno von Wiese 1956)

→ Der Taugenichts als Mitspieler in einem Roman, gekennzeichnet durch „Nichtwissen, wie ihm geschieht" trotz „Nachsinnens", „Philosophierens" und „Meditierens", dessen Denken sich erschöpft im Aneinanderreihen von Lebensweisheiten und Sprichwörtern und in der Konstruktion falscher Kombinationen. (Dierk Rodewald 1973)

→ Der Taugenichts, vor dem Hintergrund der auch historisch bedingten Lebenserfahrungen Eichendorffs, zeigt einen Lebensweg „dicht gewirkt und in der Balance gehalten zwischen Staunen und Ironie." (Ansgar Hillach 1993)

2.1 Biografie

2. JOSEPH VON EICHENDORFF: LEBEN UND WERK

2.1 Biografie

Joseph von
Eichendorff
(1788–1857)

JAHR	ORT	EREIGNIS	ALTER
1788	Schloss Lubowitz b. Ratibor/Oberschlesien	Joseph Freiherr von Eichendorff wird als zweiter Sohn am 10. März auf dem elterlichen Schloss in Oberschlesien in der Nähe der preußischen Stadt Ratibor geboren. Sein Vater Freiherr Adolf Theodor Rudolf von Eichendorff und seine Mutter Karoline, geb. von Kloch, haben insgesamt fünf Kinder. Zwei Geschwister sterben im Kleinkindalter. Mit seinem älteren Bruder Wilhelm steht er seine gesamte Kindheit und Studienzeit in enger Verbindung. Zu seiner jüngeren Schwester Louise hält er lebenslang guten Kontakt. Kindheit und Jugend sind im dörflich ländlichen Milieu ausgesprochen glücklich und unbeschwert. Da sich das Hausgesinde sowohl aus Polen als auch aus Deutschen zusammensetzt, spricht Eichendorff Polnisch wie seine Muttersprache.	
1793	Lubowitz	Unterrichtet werden die Kinder bis 1801 von dem mit Bedacht ausgewählten Hofmeister Bernhard Heinke, damals bereits ein geweihter katholischer Priester, der für die Erziehung der Kinder einen ausgesprochenen Glücksfall darstellt. Über die Hofmeisterjahre hinaus bleibt er eine wichtige Bezugsperson für den jungen Joseph von Eichendorff.	5

| 1 SCHNELLÜBERSICHT | 2 JOSEPH V. EICHENDORFF: LEBEN UND WERK | 3 TEXTANALYSE UND -INTERPRETATION |

2.1 Biografie

1799	Karlsbad, Dresden	In seinem Tagebuch erwähnt er eine Reise nach Karlsbad, die über Dresden führt. Besuch des Zwingers dort. Der junge Eichendorff ist als Benutzer der Leihbibliothek von Ratibor ein eifriger Leser.	11
1801	Lubowitz	Wegen Zahlungsunfähigkeit aufgrund risikoreicher Spekulationen wird ein Liquidationsprozess gegen den Vater angestrengt. Die Einnahmen werden unter staatliche Aufsicht und Kontrolle gestellt. Die Verarmung der Familie zeichnet sich ab. Die Ausbildung der Söhne zu einem Brotberuf wird unerlässlich.	13
	Breslau	Die Brüder Wilhelm und Joseph besuchen das Katholische Gymnasium in Breslau mit Unterbringung im angrenzenden Schul- und Universitäts-Konvikt St. Joseph, finanziert vom Bruder des Vaters, Johann Friedrich von Eichendorff. Seine Lehrer bestätigen Joseph im Zeugnis 1803 große bis ziemlich große Fortschritte.	13
1803	Breslau	Ein erstes mit dem Bruder gemeinsam verfasstes Gedicht *Am frühen Grabe unseres Bruders Gustav* wird veröffentlicht. In Breslau entdeckt Eichendorff seine Liebe zum Theater.	15
	Breslau	Nach Abschluss der 6. Klasse Übergang zur Universität Breslau. Propädeutische Studien an der Philosophischen Fakultät.	15

| 4 | REZEPTIONS-GESCHICHTE | 5 MATERIALIEN | 6 PRÜFUNGS-AUFGABEN |

2.1 Biografie

1804	Halle	Wechsel des Studienortes, um ein Jurastudium aufzunehmen. Die Brüder führen ein ausgiebiges Studentenleben. Sie nehmen teil an den provozierten Konflikten der Studenten mit den Bürgern, in der Studentensprache „Philister" genannt. Das Jurastudium wird zu Gunsten philosophischer Kollegs vernachlässigt.	16
1805	Hamburg und Harz	Bildungsreise, um Anschauung und ein fundiertes Urteil über Gelesenes zu gewinnen.	17
1806	Lubowitz	Zwischenaufenthalt nach der Niederlage Preußens gegen Napoleon bei Jena und Auerstedt. Napoleon schließt die Universität Halle. Freies gelöstes Leben mit mancherlei Amouren.	18
1808	Heidelberg	Fortsetzung des Studiums. Kontakte zu Romantikern (Joseph Görres, Graf von Loeben). Eichendorff nennt Heidelberg „eine prächtige Romantik"[1]. Von Heidelberg aus Bildungsreise nach Paris. Ab Mai über Regensburg, Wien ohne Studienabschluss nach Lubowitz zurück.	20
Ab 1808	Lubowitz	Tätigkeit auf den väterlichen Gütern. Völliger wirtschaftlicher Niedergang. Aufschub des Konkurses wegen eines bestehenden Moratoriums von 1807, das zehn Jahre Zahlungsaufschub gewährt. Nach 1817 Verlust der Besitzungen bis auf das Lehngut Sedlnitz in Mähren, das Eichendorff lebenslang verwaltet, den geringen Gewinn aber mit seinem Bruder und Schwager teilt.	20

---

1   HKA V/4, S. 161

AUS DEM LEBEN EINES TAUGENICHTS

1 SCHNELLÜBERSICHT	2 JOSEPH V. EICHENDORFF: LEBEN UND WERK	3 TEXTANALYSE UND -INTERPRETATION

2.1 Biografie

1809	Berlin	Häufiger Gast im Hause des romantischen Staatsphilosophen Adam Müller. Bekanntschaft mit Arnim, Brentano und Heinrich von Kleist. Aufnahme in Berliner Salons (Sophia Sanders). Gegen den Wunsch der Eltern verlobt sich Eichendorff mit Aloysia Anna Viktoria von Larisch (Luise), einer unvermögenden Landadligen, die er sehr liebt und mit der er später vier Kinder hat.	21
1810	Lubowitz/ Wien	Rückkehr und Aufbruch im November nach Wien. Fortsetzung des Studiums. Finanzielle Not. Arbeit am Roman *Ahnung und Gegenwart* neben gewissenhaften juristischen Studien. Bekanntschaft mit Wilhelm und Dorothea Schlegel. Freundschaft zu dem Maler Philipp Veit, Sohn Dorotheas aus erster Ehe.	22
1813	Wien	Regulärer Studienabschluss. Ziel ist der Eintritt in eine Beamtenlaufbahn. Im April Abreise aus Wien. Zusammen mit Philipp Veit Teilnahme als Freiwilliger am Freiheitskrieg gegen Napoleon bei den Lützower Jägern. Da Eichendorff sich die Ausrüstung zu Pferde nicht leisten kann, bleiben beide bei der Infanterie. Für das Kriegshandwerk nicht geschaffen, scheidet er im gleichen Jahr aus und erhält im Krieg Österreichs gegen Napoleon einen Platz als Leutnant im schlesischen Landwehrregiment.	25
1814	Lubowitz	Ausscheiden aus dem Regiment und Urlaub auf unbestimmte Zeit. Erfolgloses Nachsuchen auf eine Anstellung im Staatsdienst in Berlin.	26

4 REZEPTIONS-GESCHICHTE	5 MATERIALIEN	6 PRÜFUNGS-AUFGABEN

2.1 Biografie

| 1815 | Berlin | Gegen den elterlichen Willen Heirat mit Luise von Larisch, die den ersten Sohn Hermann erwartet (geboren am 30. August). Erneuter Aufbruch in den Krieg, im rheinischen Landwehrregiment Vereinigung mit dem preußischen General Blücher. Mit diesem Einzug in Paris nach dem Sieg über Napoleon bei Waterloo. Luise Larisch bleibt in Berlin zurück. Die Familie des Rechtshistorikers Friedrich Carl von Savigny nimmt sich ihrer an. Auf Vermittlung des preußischen Reformers Gneisenau vorübergehende Beschäftigung am Berliner Kriegsministerium, Voraussetzung für die Heirat. In Berlin Kontakte zu intellektuellen Kreisen wie der berühmten, wirtschaftlich und künstlerisch erfolgreichen Familie Mendelssohn. Bei der Rückkehr Napoleons aus Elba Unterbrechung der Tätigkeit im Kriegsministerium. Rückkehr zum Kriegsschauplatz. Aufgrund der wirtschaftlichen Lage hat Eichendorff in Preußen keine Chance auf Eintritt in den Staatsdienst. Es ist üblich, das Referendariat und die darauf folgende Zeit als Assessor unbezahlt abzuleisten. Insofern ist der Staatsdienst nur vermögenden Adligen vorbehalten. | 27 |
| 1816 | Breslau | Juristische Zulassungsprüfung. Referendarstelle bei der Breslauer Regierung. Anfertigung einer Arbeit zum Problem der Säkularisierung des Kirchenguts (seit 1805 gesetzlich verankert). Mit dieser Arbeit erregt er die Aufmerksamkeit des Oberpräsidenten von Münster (Schmedding), der ihn dem Reformer Freiherr Stein zum Altenstein empfiehlt | 28 |

1 SCHNELLÜBERSICHT	2 JOSEPH V. EICHENDORFF: LEBEN UND WERK	3 TEXTANALYSE UND -INTERPRETATION

2.1 Biografie

1820	Danzig	Ratsstelle im Amt eines katholischen Konsistorial- und Schulrats für Kirchen- und Schulangelegenheiten der Provinz Westpreußen.	32
1821	Danzig	Einführung in das Amt. Zuständigkeit für die Bezirksregierung Marienwerder. Vertrauter des liberal gesinnten Oberpräsidenten Schön. Ernennung zum Regierungsrat mit Zuständigkeit für die katholischen Schul- und Unterrichtsangelegenheiten der gesamten Provinz. Volle Inanspruchnahme durch die Tätigkeit. Dennoch: 1822/1823 Fertigstellung der Novelle *Aus dem Leben eines Taugenichts*.	33
1824	Königsberg	Umzug nach Königsberg an den Sitz des Oberpräsidenten der neuen Provinz Preußen.	36
1826		*Aus dem Leben eines Taugenichts* erscheint.	38
1826– 1829	Königsberg	Entstehung des Historiendramas *Der letzte Held von Marienburg*. Freundschaftliche Beziehungen zum Oberpräsidenten Schön, der Eichendorff wegen seiner Dichtungen sehr schätzt. Sie sind ihm „privilegierender Ausweis der Befähigung für ein Staatsamt."[2]	38– 41

---

2   Hermann Korte: *Joseph von Eichendorff*. Rowohlts Monografie. Reinbek 2000, S. 78

| 4 REZEPTIONS-GESCHICHTE | 5 MATERIALIEN | 6 PRÜFUNGS-AUFGABEN |

2.1 Biografie

| 1820–1831 | Königsberg | Regierungsrat. Aufgabenbereiche: Aufsicht über das Schulwesen, Neuordnung von Pfarreien und Bistumsgrenzen, Priesternachwuchs, Zivilehe und Mischehe von Partnern unterschiedlicher Konfession u. v. a. m. Er gewinnt genaue Einblicke in die ungelösten politischen Konfliktlagen Preußens. Als Dichter ebenso wie als Beamter wächst sein Bekanntheitsgrad auch in Berlin. Er strebt deshalb seine Versetzung in die Hauptstadt an. In Königsberg empfindet er sich abgeschnitten von der politischen und kulturellen Elite. | 32–43 |
| 1831 | Berlin | Eichendorff gelingt es, eine kommissarische Abordnung nach Berlin zu erhalten. Damit beginnen 13 Jahre einer provisorischen Existenz, denn er wird nie förmlich nach Berlin versetzt. In Berlin wird er zu Hilfstätigkeiten in verschiedenen Funktionen verpflichtet, Mitentscheidung wird ihm nicht zugebilligt. Er arbeitet in verschiedenen Ministerien, auch am Oberzensurkollegium, in dem er durch Gesetzesentwürfe immer wieder versucht, freie Meinungsäußerung anstelle harter Zensur als Polizeiinstrument gegen missliebige Ansichten zu erwirken. Er erfährt beständige Zurückweisung. Bei einer Gehaltskürzung wendet er sich schriftlich an den König[3], um das ohnehin zu geringe Einkommen für seine Familie zu erhalten. | 43 |

―――

3   Eichendorff: Brief vom 8. 12. 1840. *HKA XII*, S. 177 f.

| 1 SCHNELLÜBERSICHT | 2 JOSEPH V. EICHENDORFF: LEBEN UND WERK | 3 TEXTANALYSE UND -INTERPRETATION |

2.1 Biografie

1837	Berlin	Erscheinen seines ersten Gedichtbuchs, einer umfangreichen Lyriksammlung. Viele seiner Lieder werden vertont durch Mendelssohn Bartholdy, Schumann u. a. und finden große Verbreitung in der Musikkultur des Bürgertums, was den Bekanntheitsgrad Eichendorffs sprunghaft erhöht.	49
1843	Berlin; Danzig	Erstes Pensionierungsgesuch. Reise nach Danzig zur Erfüllung eines Schreibauftrags über die Wiederherstellung der Marienburg. Er findet Unterkunft bei seiner Tochter Therese, die dort mit dem Lehrer Louis Besserer von Dahlfingen verheiratet ist. Er bleibt mit seiner Frau seither in einer Wohngemeinschaft mit der Tochter, dem Schwiegersohn und deren Kindern Otto und Max.	55
1844	Berlin	Ausscheiden aus dem Staatsdienst.	56
1846/ 1847	Wien	Reise nach Österreich über den Winter. Zusammentreffen mit den Schumanns, Bekanntschaft mit Adalbert Stifter, der später eine Freundschaft zu Louise, der nahe Wien wohnenden Schwester Eichendorffs, entwickelt. Ehrungen durch Wiener Musikvereine.	58

| 4 | REZEPTIONS-GESCHICHTE | 5 MATERIALIEN | 6 PRÜFUNGS-AUFGABEN |

2.1 Biografie

1847	Berlin	Versetzung Besserers an die Kadetten-anstalt in Berlin. Umzug der Familien dorthin. Intensive Beschäftigung mit der Verwaltung des Gutes Sedlnitz. Schriftstellerei: Übersetzung von Werken des spanischen Dichters Calderón. Eichendorff lebt immer zurückgezogener, er gerät nahezu in Vergessenheit bei Literaturkritikern und Literarhistorikern. Dennoch verkehrt er in einem breiten Kreis von Dichterkollegen und Kulturschaffenden. (Friedrich Carl von Savigny und seine Frau Gunda, Bettina von Arnim, der Maler Peter von Cornelius, der Bildhauer August Kiß und der katholische Politiker August Reichensperger).	59
1848	Berlin	Beim Barrikadenkampf in den Straßen Berlins im Revolutionsjahr flüchtet Eichendorff über Meißen und Köthen nach Dresden.	60
1849		Rückkehr nach Berlin.	61
1850/ 1851	Berlin	Häufige Teilnahme an der von Franz Kugler gegründeten (Donnerstags-) Gesellschaft.	62
1855	Neiße	Übernahme des Familienguts Sedlnitz durch den Sohn Rudolf. Versetzung des Schwiegersohns nach Neiße. Umzug der Familie und Tod seiner Frau. Der Verlust trifft ihn hart und führt ihn immer mehr in die Vereinsamung.	67
1856	Neiße	Bekanntschaft mit dem Breslauer Fürstbischof Heinrich Förster. Im August Aufenthalt in dessen Sommerresidenz Johannesburg. In ihm findet Eichendorff einen Freund und Gesprächspartner.	68

AUS DEM LEBEN EINES TAUGENICHTS

| 1 SCHNELLÜBERSICHT | 2 JOSEPH V. EICHENDORFF: LEBEN UND WERK | 3 TEXTANALYSE UND -INTERPRETATION |

2.1 Biografie

| 1857 | Schloss Johannesberg bei Jauernig | August bis Mitte September Aufenthalt in der bischöflichen Sommerresidenz. Erkrankung an einer Lungenentzündung und Tod am 26. November. Beisetzung auf dem Friedhof der St. Jerusalemer Kirchengemeinde in Neiße neben seiner Frau Luise. | 69 |

| 4 REZEPTIONS-GESCHICHTE | 5 MATERIALIEN | 6 PRÜFUNGS-AUFGABEN |

2.2 Zeitgeschichtlicher Hintergrund

2.2 Zeitgeschichtlicher Hintergrund

ZUSAMMEN-FASSUNG

Vier wesentliche Phasen innerhalb der Lebenszeit Eichendorffs sind besonders hervorzuheben:
→ Die Französische Revolution (1789) und ihre Folgen für die Neuordnung Europas
→ Die Koalitionskriege (ab 1792) und die territorialen Veränderungen für Preußen
→ Die Restaurationszeit (ab 1815) mit dem Versuch der Wiederherstellung der alten feudalen Ordnung in Europa
→ Der Liberalismus und Revolutionsbewegungen (ab 1830) in Deutschland

Französische Revolution und Koalitionskriege

Im Geburtsjahr Eichendorffs 1788 hatte sich der Nationalkonvent im revolutionären Frankreich zur Aufgabe gemacht, die Volkssouveränität sowie die Freiheit und Gleichheit aller Bürger zu sichern. Der König und die Königin Marie Antoinette, eine Tochter der österreichischen Kaiserin Maria Theresia, starben unter der Guillotine, der Dauphin, Sohn des Königspaares, an den Misshandlungen durch die Revolutionäre. Die antifeudalen Ereignisse in Frankreich riefen das übrige Europa auf den Plan, das ab 1792 fünf Koalitionskriege gegen Frankreich führte. Im ersten Koalitionskrieg verbündeten sich u. a. England, Österreich und Preußen gegen Frankreich. Mit der zweiten Teilung Polens (1793) zwischen Russland und Preußen wurde Danzig preußisch. Im zweiten Koalitionskrieg blieb Preußen, das im Siebenjährigen Krieg 1753 Schlesien endgültig dem österreichischen Kaiserhaus abgerungen und die Eichendorffs zu Preußen gemacht hatte, neutral.

Volkssouveränität sichern

Ab 1792 fünf Koalitionskriege

AUS DEM LEBEN EINES TAUGENICHTS   21

| 1 SCHNELLÜBERSICHT | 2 JOSEPH V. EICHENDORFF: LEBEN UND WERK | 3 TEXTANALYSE UND -INTERPRETATION |

2.2 Zeitgeschichtlicher Hintergrund

1799: Staats-streich Napoleons

1799 gelang es Napoleon durch einen Staatsstreich, die Regierung in Frankreich zu übernehmen.

1803: Reichs-deputations-hauptschluss

Im Reichsdeputationshauptschluss von 1803 wurden zahlreiche deutsche Kleinstaaten und freie Reichsstädte v. a. Bayern, Württemberg und Baden angegliedert. Alle geistlichen Gebiete (z. B. Fürstentümer, Bistümer und Klöster, Abteien) wurden unter weltliche Herrschaft gestellt. Es entstanden neue Fürstentümer und Reichsstädte: u. a. Hessen-Kassel, Baden, Württemberg, Hildesheim, Münster, Paderborn, Erfurt, Werden und Quedlinburg, Mühlhausen, Nordhausen und Goslar. Diesem Faktum widmete

Eichendorffs Prüfungsarbeit

Eichendorff seine Prüfungsarbeit zur Anerkennung seines Wiener juristischen Studienabschlusses in Preußen, mit der er sich große Aufmerksamkeit des Oberpräsidenten von Münster erschrieb, der seine feinsinnige Intelligenz erkannte und hervorhob.

1804: Napoleon wird Kaiser

Nachdem sich Napoleon 1804 zum Kaiser der Franzosen hatte krönen lassen, überzog er Europa mit weiteren Kriegen, um die Vormachtstellung Frankreichs zu sichern. Es folgte 1803–1805 der dritte Koalitionskrieg, in dem Preußen erneut neutral blieb. Die Niederlage der Koalition in der Drei-Kaiser-Schlacht von Austerlitz brachte 1806 als politische Folge das Ende des Heiligen Römischen Reichs Deutscher Nation unter der Führung der Habsburger Kaiser, die sich fortan nur noch Kaiser von Österreich nannten.

Preußens Neutralitätspolitik hatte beträchtlichen Territorialgewinn gebracht, doch das Blatt wendete sich durch eine zwielichtige Politik Napoleons, sodass Preußen seine Neutralität aufgab und sich im vierten Koalitionskrieg gegen Napoleon stellte. Die Doppelschlacht von Jena und Auerstädt 1806 ging verloren. Auch die Russen konnten keinen Sieg erringen und schlossen 1807 einen Frieden mit Napoleon.

Doch der Widerstand der europäischen Staaten gegen Napoleon, der sich zum Herrscher in Europa aufschwang, formierte

| 4 REZEPTIONS-GESCHICHTE | 5 MATERIALIEN | 6 PRÜFUNGS-AUFGABEN |

2.2 Zeitgeschichtlicher Hintergrund

sich. Die Erhebung Spaniens und Österreichs (fünfter Koalitions-krieg 1809), der russische Feldzug (1812), die Befreiungskriege (1813–1815), zu deren Teilnahme Eichendorff sich aufgerufen sah, und die Niederlage Napoleons in der Völkerschlacht bei Leipzig rieben die französischen Kräfte auf. Napoleon wurde nach Elba verbannt, kehrte noch einmal für hundert Tage nach Paris zurück, um dann endgültig von der politischen Bühne zu verschwinden.

Restaurationszeit, Liberalismus und Revolutionsbewegungen

Die Fremdherrschaft hatte deutlich gemacht, dass der Struktur des alten feudalen Preußens keine Zukunft beschieden war. Führende Köpfe (vom Stein, Hardenberg) hatten daher mit einem Reformwerk begonnen, das die Untertanen aus der Dulderrolle in die Rolle der Mitverantwortung überführen sollte. Es kam zur Bauernbefreiung aus der Leibeigenschaft, zur Heeresreform und zur Neuordnung der Städte. Bildungsreformen führten zur Gründung der Universi-tät Berlin, an der führende liberale Köpfe (Fichte, Schleiermacher, Wilhelm von Humboldt) lehrten. Der Aufhebung des Zunftwesens folgte die Einführung der vollen Gewerbefreiheit. *Reformen*

Die Niederlage Napoleons führte aber auch zu Restaurations-bestrebungen. Zum entscheidenden Baumeister der Restauration wurde der österreichische Staatskanzler Clemens Wenzel Fürst von Metternich (1773–1859). Grundgedanke war die Wiedereinsetzung der Fürsten in ihre alten Rechte, Wahrung des Gleichgewichts der Mächte und Solidarität der Fürsten gegen jedwede revolutionäre Störung im sozialen und politischen Gefüge. Garantie für die Re-stauration war die Gründung der Heiligen Allianz, ein Bund der Brüderlichkeit zwischen dem russischen Zaren, dem preußischen König und dem österreichischen Kaiser. Die Fürsten sollten sich als Familienväter im Sinne des monarchischen Prinzips verstehen. *Restauration*

| 1 SCHNELLÜBERSICHT | 2 JOSEPH V. EICHENDORFF: LEBEN UND WERK | 3 TEXTANALYSE UND -INTERPRETATION |

2.2 Zeitgeschichtlicher Hintergrund

Bald aber regten sich liberale und nationale Widerstände gegen die Restauration. Zwischen 1814 und 1830 wurden Landesverfassungen in Mittel- und Süddeutschland durchgesetzt. Auf dem Hambacher Fest des süddeutschen radikalen Liberalismus (1832) plädierte der Redakteur Dr. Wirth für die „Vereinigten Freistaaten Deutschland" und „ein konföderiertes republikanisches Europa". Der Bundestag verbot politische Vereine, Volksversammlungen und Kundgebungen. Eichendorff reagierte auf solche Maßnahmen mit einer Satire unter dem Titel *Auch ich war in Arkadien*, postum erschienen. Als 1833 König Ernst von Hannover die Verfassung aufhob, kam es zum Entrüstungssturm Göttinger Professoren (Göttinger Sieben), die kurzerhand ihres Amtes enthoben wurden.

Eichendorff, dem liberalen Gedankengut nahe stehend, war jedoch aufgrund seines Beamteneids auf den preußischen König stets loyal. Beim Regierungsantritt des neuen preußischen Königs Friedrich Wilhelm IV., des Romantikers auf dem Thron, verfasste er die Begrüßungsrede des Oberpräsidenten von Schön anlässlich eines königlichen Besuchs in Ostpreußen.

Dass die demokratische Bewegung und der Liberalismus immer fundamentalere Züge annahmen, war nicht mehr zu verbergen. Industrialisierung und in ihrem Gefolge soziale Not und Hungerepidemien, wie beispielsweise unter der Landbevölkerung Oberschlesiens, führten zu Aufständen, von denen der schlesische Weberaufstand 1847 größte Aufmerksamkeit und Anteilnahme unter den Intellektuellen (Heine, Freiligrath, Weerth) erregte. Im März 1848 kam es zu Revolutionen und Barrikadenkämpfen in Preußen und Österreich. Wahlen zur Deutschen Nationalversammlung und deren Zusammentritt in der Frankfurter Paulskirche erfolgten im Mai. Die Paulskirchenverfassung wurde jedoch von Friedrich Wilhelm IV. abgelehnt, er verlegte sich auf die Unterdrückung der Aufstände mit militärischer Gewalt und oktroyierte Preußen 1850

Nationalversammlung in der Frankfurter Paulskirche

| 4 REZEPTIONS-GESCHICHTE | 5 MATERIALIEN | 6 PRÜFUNGS-AUFGABEN |

2.2 Zeitgeschichtlicher Hintergrund

eine Verfassung, die ein Dreiklassenwahlrecht vorsah und die preußischen Einigungsbemühungen vorerst zunichte machte. Der Deutsche Bund wurde 1850 von Fürst Schwarzenberg wiederhergestellt. Erzherzog Johann von Österreich, vom deutschen Bundestag zum Reichsverweser gewählt, konnte sich weder im Ausland noch in den deutschen Einzelstaaten durchsetzen.

Auf solch wechselvolle Geschichtsphasen hat der Spätromantiker Joseph von Eichendorff als Katholik in katholischen Angelegenheiten direkt reagiert, wenn er beispielsweise als Vorstandsmitglied und ministerieller Sachbearbeiter einen Aufruf in der *Allgemeinen Preußischen Staatszeitung* für den Berliner Verein für den Kölner Dombau formulierte oder Streitschriften gegen den in Schlesien entstandenen *Deutschkatholizismus* verfasste. Als sensible „Hilfskraft" in einer Reihe preußischer Ministerien kannte er die Problemlage, wenngleich ihm direkter politischer Einfluss versagt blieb. Sein Ausscheiden aus dem Staatsdienst hat ihn in die Lage versetzt, den Rückzug anzutreten in die familiäre *Tröstein-samkeit*[4].

---

4   Brief an Schön vom 21. Juli 1854. *HKA XII*, S. 335

2.3 Angaben und Erläuterungen zu wesentlichen Werken

2.3 Angaben und Erläuterungen zu wesentlichen Werken

ZUSAMMEN-
FASSUNG

Eichendorff gilt als Lyriker der Spätromantik schlechthin. Bekannt ist er bis heute einem breiten Publikum durch seine Gedichte, zu denen insgesamt rund 5.000 Vertonungen im 19. Jahrhundert angefertigt worden sind und die Volksliedcharakter erreicht haben. Seine Romane *Ahnung und Gegenwart* von 1815 und *Dichter und ihre Gesellen* von 1834 gelten als Vorbilder für die romantische Erzählweise. Typisch romantische Novellen sind *Das Marmorbild* (1819) und *Aus dem Leben eines Taugenichts* (1826) [1826 Doppelausgabe mit Anhang von Gedichten]. Die Erzählung *Das Schloss Dürande* (1837) gilt als Werk des politischen und sozialen Bekenntnisses Eichendorffs. Seine in den dreißiger Jahren entstandenen Satiren *Krieg den Philistern* und *Auch ich war in Arkadien* (1824 bzw. 1866 erschienen) stellen eine ironische Abrechnung mit seiner Zeit dar.

2.3 Angaben und Erläuterungen zu wesentlichen Werken

Das Werk Joseph von Eichendorffs ist recht umfangreich. Es ist daher unmöglich, auf alle wesentlichen Werke auch nur kurz einzugehen. Im Bewusstsein der Leser ist Eichendorff in erster Linie der Lyriker der Spätromantik, verdanken wir ihm doch viele Gedichte, die großen Bekanntheitsgrad und Gebrauchswert bis auf den heutigen Tag erlangt haben. Aus der zweiten Hälfte des 19. Jahrhunderts stammen um fünftausend Vertonungen seiner Lyrik. Es entspricht der Dichtungstheorie der Romantik, Mannigfaltigkeit in der Einheit anzustreben und die unterschiedlichen Gattungen zu vermischen, so finden wir in den Romanen und Novellen Eichendorffs viele seiner Gedichte wieder, beispielsweise im *Taugenichts*: „Wem Gott will rechte Gunst erweisen; Wohin ich geh und schaue; Schweigt der Menschen laute Lust; Wer in die Ferne will wandern; Wenn ich ein Vöglein wär; Nach Süden nun sich lenken/ Die Vöglein allzumal." Die erste Sammelausgabe seiner Gedichte erscheint 1826 als Anhang zu den zusammengebundenen Novellen *Aus dem Leben eines Taugenichts* und *Das Marmorbild*. 1837 wurde eine erste Ausgabe seiner Gedichte veröffentlicht. Der erste Band seiner vierbändigen Werkausgabe von 1841 ist ebenfalls ein Gedichtband.

Lyrik

Die Novellen *Aus dem Leben eines Taugenichts* und *Das Marmorbild* (1819 im *Frauentaschenbuch* erstmals erschienen) haben ebenfalls großen Bekanntheitsgrad erreicht. Eichendorff gestaltet die im Menschen angelegte Sehnsucht nach dem Paradies, das mit der schönen alten Zeit verloren gegangen ist. Florio, ein junger Dichter, begegnet auf einer Reise nach Lucca dem Sänger Fortunato und dem Ritter Donati, welche die erlösende und die dämonische Kraft der Poesie symbolisieren. Florio verfällt dem Zauber eines marmornen Venusbildes, dessen Anblick im nächtlichen Garten eine unbestimmte Sehnsucht in ihm weckt. Auf der Suche nach ihrer Erfüllung gerät er im Garten der Venus in den

Das Marmorbild

| 1 SCHNELLÜBERSICHT | 2 JOSEPH V. EICHENDORFF: LEBEN UND WERK | 3 TEXTANALYSE UND -INTERPRETATION |

2.3 Angaben und Erläuterungen zu wesentlichen Werken

Bann dämonischer Liebe. Sie tritt ihm in der Maske seiner reinen Geliebten Bianka entgegen. Donati führt ihn in den Palast der Göttin und nur das in der Ferne erklingende Lied Fortunatos bewahrt Florio davor, dass er dem dämonischen Zauber der Venus verfällt. Florios Gebet „Herrgott, lass mich nicht verloren gehen in der Welt!" durchbricht den heidnischen Zauber. Er kehrt in den hellen Morgen zurück und erkennt in dem Knaben, der ihn und Fortunato auf der Reise begleitet, Bianka, die Bestimmung seines Lebens. Die Novelle thematisiert die Gefährdung des Menschen, aber vor allem des Künstlers, der sich trotz aller Gefahren dem Zauber einer poetischen Existenz nie ganz entziehen kann.

Ahnung und Gegenwart

Im Roman *Ahnung und Gegenwart,* erschienen 1815 – der Titel stammt von Dorothea Schlegel –, beginnt der junge Graf Friedrich am Ende seiner Studienzeit eine große Wanderung. Dabei werden ihm die verschiedenen Aspekte des Lebens deutlich. Er begegnet auf einer Schiffsreise auf der Donau dem Mädchen Rosa und findet in ihrem Bruder Leontin einen echten Freund. Ein Mädchen folgt ihm als Knabe Erwin auf seiner Wanderung und hält ihm die Treue. Von der Sinnlichkeit der Gräfin Romana fasziniert, verliert er Erwin aus den Augen. Als er nach Monaten an den Ausgangspunkt seiner Wanderung zurückkehrt, trifft er auf den sterbenden Erwin und erfährt erst jetzt, dass er in Wirklichkeit ein Mädchen ist. Er zieht daraufhin in den Krieg, verliert sein Vermögen und will sich in ein Kloster zurückziehen. Nun enthüllen sich ihm die Fäden, die sein Leben schicksalhaft durchwoben haben. Erwin war in Wirklichkeit die Tochter seines Bruders Rudolf und der Italienerin Angelina, angeblich schon im Kindesalter verstorben. Am Ende seiner Reise kehrt Friedrich in das Schloss zu seinen Ursprüngen zurück. Im Rückzug aus der Welt erreicht er eine neue Bewusstseinsstufe. Ahnung und Gegenwart haben sich zu einem nahtlosen Ring gefügt. Der Roman schließt mit dem Bild des Anfangs: „Die Sonne ging

4 REZEPTIONS-GESCHICHTE	5 MATERIALIEN	6 PRÜFUNGS-AUFGABEN

2.3   Angaben und Erläuterungen zu wesentlichen Werken

eben prächtig auf." Die Grundstimmung des Romans ist schmerz-
lich, resignierend und melancholisch. Die locker gereihten Episo-
den spielen in einer Wald- und Gebirgslandschaft, deren Urbild
wohl in der Donaulandschaft liegt. *O Täler weit, o Höhen* ist eines
der Lieder dieses Romans.

Eichendorffs Musterbeispiel eines romantischen Romans trägt
den Titel *Dichter und ihre Gesellen*, 1834 erschienen. In ihm verei-
nigt der Dichter noch einmal alle Stilmittel der Romantik. Er fügt
Lieder, Romanzen und Lyrik in die Erzählung ein. Die Schauplätze
wechseln häufig, Handlungsstränge werden aufgenommen und
fallen gelassen. Rom erscheint als efeuumrankte Fantasiestadt.
Deutschland ist eher der deutsche Wald. Schauplätze des Romans
sind Schlösser, Burgen und idyllische Plätze. Alle Gesellschafts-
schichten und die unterschiedlichsten Menschentypen sind in ihm
vertreten. Eichendorff will mit seinem Roman die Möglichkeiten,
aber auch die Gefahren von Zerrissenheit und Zwiespalt, Verzweif-
lung und Tod zeigen, denen der Dichter als prophetische Natur
ausgesetzt ist.

Dichter und ihre Gesellen

Das Schloss Dürande gilt als Werk des politischen und sozialen Bekenntnisses Eichendorffs. In dieser Erzählung, erschienen
1837, gerät eine freie unbedingte Liebe in Widerspruch zu den
Normen des feudalen Gesellschaftssystems. Die echte, unver-
brüchliche Liebe des Grafen Hippolyt von Dürande zu der bürgerlichen Waise Gabriele fällt den Vorverurteilungen ihres Bruders
Renald zum Opfer, der schließlich aufgrund von Missverständnis-
sen und Fehlurteilen an der Spitze eines verwahrlosten Haufens
das Schloss Dürande anzündet und die Menschen tötet, auch die
eigene Schwester, als Doppelgängerin Hippolyts verkleidet. Als er
die Reinheit der Liebe und die Unermesslichkeit seines Irrtums erkennt, wählt er den Freitod. Die Gewalt der gesellschaftlichen und
geschichtlichen Ereignisse hat Einzug genommen in die Poesie

Das Schloss Dürande

| 1 SCHNELLÜBERSICHT | 2 JOSEPH V. EICHENDORFF: LEBEN UND WERK | 3 TEXTANALYSE UND -INTERPRETATION |

2.3 Angaben und Erläuterungen zu wesentlichen Werken

Eichendorffs. Die Schönheit der Natur schimmert nur noch als Reflex einer versunkenen besseren Zeit auf. Nicht Zeitvergessenheit, sondern Reaktion auf das Zeitgeschehen bestimmt und verändert den Darstellungsstil des Dichters.

Satiren

In einer Reihe von Satiren (u. a. *Krieg den Philistern*, 1824 erschienen, und *Auch ich war in Arkadien*, 1832 entstanden und 1866 erschienen) hat Eichendorff sich mit seiner Zeit ironisch auseinandergesetzt. Große Verbreitung hat sein Werk zu seinen Lebzeiten nicht gefunden, was ihn, der in permanenten Geldsorgen lebte, zu bissigen und ironischen Bemerkungen herausgefordert hat. Auftragsarbeiten sicherten ihm dabei schon eher die eine oder andere Zuwendung, so die *Geschichte der Wiederherstellung der Marienburg* (1847) und *Geschichte der poetischen Literatur Deutschlands* (1856), ein Auftrag des Paderborner Verlegers Ferdinand Schöningh.

3. TEXTANALYSE UND -INTERPRETATION

3.1 Entstehung und Quellen

ZUSAMMEN-FASSUNG

Oktober 1817	Frühester Hinweis: Notiz „den *Taugenichts* fertig machen"[5]
Sommer 1822	Frühester Entwurf zu den ersten beiden Kapiteln erscheint als Journaldruck mit dem Titel *Ein Kapitel aus dem Leben eines armen Taugenichts*.
Herbst 1823	Zweiter Entwurf zu den ersten beiden Kapiteln erscheint in den *Deutschen Blättern* in Breslau mit dem Titel *Der neue Troubadour*.[6]
1826	Novelle erscheint in Buchform zusammen mit der Novelle *Das Marmorbild*.

Über die Entstehung des *Taugenichts* ist wenig Zuverlässiges bekannt. Bekannt ist, dass Eichendorff erst in der endgültigen Fassung des Textes die „schöne gnädige Frau" dem Adelsstand enthoben hat, sodass sie für den Helden seiner Novelle zur Glückserfüllung werden konnte.

Entwicklung der Figur der „schönen gnädigen Frau"

Durch Handschriftenvergleich ist Karl Konrad Polheim[7] zu neuen Erkenntnissen gelangt. Eine besagt, dass Eichendorff in der

---

5 Zitiert nach Polheim Karl Konrad: Text und Textgeschichte des „Taugenichts". Eichendorffs Novelle von der Entstehung bis zum Ende der Schutzfrist. 2 Bde., Tübingen 1989, Bd. 2, S. 22
6 Karl Konrad Polheim: Neues vom „Taugenichts". In: Aurora 43 (1983), S. 43
7 Ebd. S. 32–54

Tat Jahre verstreichen ließ, ehe er seinen in zwei Kapiteln bereits veröffentlichten Entwurf zu Ende brachte. Das Problem war, die Novelle zu einem stimmigen Ende zu führen, ohne den Plan der echten Gräfin aufzugeben. Die Idee, die „schöne gnädige Frau" zur Nichte des Portiers zu machen, scheint 1817 Gestalt gewonnen zu haben.

Zwei weitere Feststellungen Polheims sind erwähnenswert. Aufgrund der Eigenheit von Eichendorffs Strophenanordnung zieht er die Möglichkeit in Erwägung, das erste Lied im *Taugenichts, Wem Gott will rechte Gunst erweisen,* in anderer Strophenabfolge zu lesen. Das Ergebnis wäre eine Vertauschung der Strophen zwei und drei. Die Strophe mit „Die Trägen, die zu Hause liegen" wäre demnach die dritte Strophe des Liedes. Daraus ergäbe sich dann auch eine andere, geschlossenere Form der Interpretation dieser lyrischen Einlage. Das Lied *Wohin ich geh und schaue* (HL S. 8, Z. 27 ff./R S. 13, Z. 20 ff.) bestätigt den Titel des handschriftlichen Entwurfs *Der neue Troubadour.* Das Lied rückt die Frau in die Nähe der verehrten, aber für den Verehrer unerreichbaren Herrin im Minnesang; die „hohe frouwe" Walthers von der Vogelweide zum Beispiel entspricht der „hohen Frau" des Liedes. Eichendorff hebe darüber hinaus seine „schöne gnädige Frau" in die Unerreichbarkeit, indem er sie mit der Gottesmutter vergleiche. Dafür liefert das zweite Kapitel entsprechende Belege: Seine schöne junge Frau wird mit einer Lilie in Händen ins Bild gesetzt und mit einem Engel verglichen, der durch den blauen Himmelsgrund zieht (HL S. 11, Z. 13 f./R S. 12, Z. 32 ff.). Hier findet sich die Bestätigung dafür, dass Eichendorff zunächst eher an eine platonische als an eine erotisch erfüllte Liebe gedacht hat. Unter dem Schutz Gottes, der in Szenen möglicher Verführungen unmittelbare Erwähnung findet, gelingt es dem Taugenichts durchgängig, erotischen Verführungen standzuhalten. Polheim entdeckt dafür im Text drei Belege für

3.1 Entstehung und Quellen

in sich gesteigerte Versuchungen. Das Bauernmädchen im Dorf B., die Schlafende hinter der angelehnten Tapetentür im Schloss in den Bergen und die italienische Gräfin. Im Schutz und in der Gunst Gottes entgeht der Taugenichts diesen Versuchungen, um am Ende dem Glück seiner Träume zugeführt werden zu können.

Weitere Hinweise zur Datierung sind dem Text selbst entnommen worden. Der Text des Liedes „Wir bringen dir den Jungfernkranz" (HL S. 75, Z. 26 ff./R S. 94, Z. 19 ff.) entstammt der Oper *Der Freischütz* von Carl Maria von Weber. Sie wurde im Juni 1821 in Berlin uraufgeführt, und vom „seligen Hoffmann" konnte Eichendorff erst nach dessen Tod am 25. Juni 1822 sprechen. Die Fertigstellung des *Taugenichts* ist in einem Brief an Julius Eduard Hitzig belegt, dem er am 8. Oktober 1825 aus Königsberg berichtet, dass er den *Taugenichts* zusammen mit dem *Marmorbild* und Gedichten einem Freund mit auf den Weg gegeben habe. Dies ist die Vorlage für 1826, erschienen in der Vereinsbuchhandlung Berlin. 1841 nahm Eichendorff den *Taugenichts* in den vierten Band seiner *Werke* auf.

Der Freischütz zur Datierung

Fertigstellung

Die Ausgaben und Auflagen des *Taugenichts* übertreffen die anderen Eichendorff'schen Werke in Auflagenhöhe und Zahl um das Anderthalbfache. Er ist auch der meistübersetzte Text des spätromantischen Dichters und hat unter allen Werken der Romantik die größte Wirkung erzielt.

Der *Taugenichts* ist Eichendorffs erfolgreichstes Werk

| 1 SCHNELLÜBERSICHT | 2 JOSEPH V. EICHENDORFF: LEBEN UND WERK | 3 TEXTANALYSE UND -INTERPRETATION |

3.2 Inhaltsangabe

3.2 Inhaltsangabe

ZUSAMMEN-
FASSUNG

Die Novelle *„Aus dem Leben eines Taugenichts"* umfasst 10 Kapitel. Die Hauptfigur ist der Sohn eines Müllers, den sein Vater aufgrund seiner Faulheit und Ziellosigkeit Taugenichts nennt und in die Welt hinausschickt. Die erste Station führt den Taugenichts auf ein Schloss in Wien, wo er als Gärtner und Einnehmer arbeitet und sich in eine Dame verliebt. Da er diese für eine Gräfin hält, ist die Liebe wenig aussichtsreich, weshalb er die Reise zunächst schweren Herzens fortsetzt. Er schlägt sich als Musiker bis nach Italien durch und lernt dabei verschiedene Figuren kennen, von denen einige nicht diejenigen sind, für die sie sich ausgeben. Schließlich führt ihn das Schicksal jedoch zurück auf das Schloss in Wien, wo er die unnahbar geglaubte Dame, bei der es sich doch nicht um eine Gräfin, sondern um die Tochter des Portiers handelt, heiratet und damit die Reise beendet.

Aufbruch aus der Mühle und Aufnahme als Gärtnerbursche im Schloss (1. Kapitel)

Aufbruch
ohne Ziel

Die Erzählung setzt im Frühling in der väterlichen Mühle ein. Der Protagonist, wenig später vom eigenen Vater als *Taugenichts* apostrophiert, wird von seinem Vater dazu aufgefordert, die Mühle zu verlassen und in der Welt sein Glück zu suchen. Der Vater sieht sich nicht mehr in der Lage, den Faulenzer durchzufüttern. So bricht er mit seiner Geige, die er „recht artig spielte" (HL S. 5, Z. 20/R S. 5, Z. 23 f.), fröhlich und wohlgemut, ohne ein bestimmtes Ziel vor Augen, auf und entfernt sich singend und musizierend auf der Landstraße aus dem Dorf.

| 4 REZEPTIONS-GESCHICHTE | 5 MATERIALIEN | 6 PRÜFUNGS-AUFGABEN |

3.2 Inhaltsangabe

Kurz darauf holt ihn eine Kutsche ein, in der zwei Frauen, eine ältere und eine junge schöne Frau, fahren. Da die beiden von seinem Spiel und Gesang entzückt sind, fragen sie ihn nach seinem Ziel, worauf er „dreist" (HL S. 6, Z. 22/R S. 6, Z. 30) W.[8] als Zielort angibt. Da die Frauen denselben Weg haben, laden sie ihn ein mitzufahren und weisen ihm den hinteren Wagentritt als Platz zu. Der Taugenichts nimmt das Angebot an, er freut sich über sein Glück, bemerkt aber gleichzeitig den Verlust der Annehmlichkeiten des Daseins in der Mühle und in seinem Dorf. Er setzt sich auf den Wagentritt und schläft ein. Als er erwacht, steht die Kutsche still und er findet sich vor der Freitreppe zu einem Schloss in einem Park mit Blick auf die Türme der Stadt Wien wieder. Erschreckt begibt er sich ins Schloss, wo er den Portier, Bedienstete und eine Kammerjungfer trifft, die ihm im Namen der gnädigen Herrschaft Bleibe und Arbeit als Gärtnerbursche anbietet. Bald erscheint auch der Gärtner, der ihn, weil er zu allem „Ja" sagt, mitnimmt und bei sich beschäftigt. Doch er entzieht sich oft der Arbeit, denkt an sein Dorf und an die schöne Frau aus der Kutsche, die er häufiger im Garten aus einiger Entfernung bewundern kann. Als er sie in einem Gartenhaus bemerkt, nimmt er wahr, dass sie auf sein Singen aufmerksam geworden ist. Kurze Zeit später wird ihm durch die Kammerjungfer von der „vielschöne(n) gnädige(n) Frau" (HL S. 8, Z. 30/R S. Z. 9, 35) eine Flasche Wein übergeben, was ihn zu freudigem und lang anhaltendem Geigenspiel, Gesang und zum Nachdenken über den eigenen Lebenswandel anregt. Auf seinen frühmorgendlichen Gängen durch den Garten sucht er immer wieder ihr Schlafzimmerfenster auf und versucht, im Gebüsch verborgen, sie bei ihrer Morgentoilette zu beobachten. Doch nach

Begegnung mit der schönen Frau Aurelie

Schloss in Wien

Arbeit als Gärtner

---

8 Aus dem nachfolgenden Text geht klar hervor, dass Eichendorff hier Wien vor Augen hat. Siehe auch 26, 34.

3.2 Inhaltsangabe

Jacques Breuer als Taugenichts (rechts) im Kostümfilm *Taugenichts*, BRD 1977 © Cinetext

Fahrt auf dem Kahn mit der schönen Frau

einigen Tagen wird er von ihr bemerkt, und sie kommt nicht mehr ans Fenster. Nur die andere Dame ist weiterhin zu sehen und diese erscheint ihm nun „recht schön rot und dick (...) und hoffärtig anzusehn." (HL S. 10, Z. 10 f./R S. 11, Z. 22 f.) Die schöne Frau sieht er erst an einem Sonntagnachmittag wieder, an dem sie in einer Gruppe adliger junger Menschen mit der älteren gnädigen Frau und der Kammerjungfer am Fluss erscheint. Hier hat der Taugenichts einsam den Nachmittag verbracht und traurig in einem Kahn auf dem Wasser geschaukelt, während die anderen jungen Burschen zum Tanz in die Stadt gegangen sind. Er wird aufgefordert, die Gruppe ans andere Ufer zu fahren. Während dieser Fahrt kommt ihm die schöne Frau, die eine Lilie in Händen hält und unverwandt ins Wasser schaut, engelsgleich vor. Von der älteren Dame zum Gesang aufgefordert und von der schönen Frau angelächelt, singt er das Lied von „einer viel schönen Fraue" (HL S. 11,

3.2 Inhaltsangabe

Z. 27 f./R S. 13, Z. 13). Am anderen Ufer angekommen, verlässt die Gesellschaft den Kahn, und auch die schöne Frau geht, ohne etwas zu sagen. Als die Gesellschaft hinter den Büschen verschwunden ist, überkommt den Taugenichts eine große Traurigkeit und er wirft sich weinend ins Gras.

Zolleinnehmer im Schloss (2. Kapitel)

Im zweiten Kapitel wird der Leser mit dem Zollhäuschen bekannt gemacht, das im Schlossgarten nahe der Straße zur Stadt liegt. Der Zolleinnehmer ist gerade gestorben und der Taugenichts wird vom Schlossschreiber zum Amtmann beordert, der ihm eröffnet, dass die gnädige Herrschaft ihn „in Betrachtung Seiner guten Aufführung und besondern Meriten" (HL S. 13, Z. 14 f./R S. 15, Z. 14 f.) zum neuen Zolleinnehmer bestimmt hat. Er bezieht daher das Zollhäuschen und übernimmt nicht nur das Amt, sondern wird mit den diversen Tabakspfeifen, der Schlafmütze, den grünen Pantoffeln, dem prächtigen roten Schlafrock mit den gelben Punkten des alten Zolleinnehmers dessen genaues Abbild als Philister. Tabak rauchend sitzt er auf dem Bänkchen vor dem Haus und nimmt sich vor, „alles Reisen zu lassen" und „Geld zu sparen" (HL S. 13, Z. 39 f./R S. 16, Z. 5 f.). Da er aber über all seinen neuen Plänen die schöne Frau nicht vergisst, verwandelt er den Gemüsegarten des Zollhäuschens in einen Blumengarten. Der Portier des Schlosses, den er inzwischen als seinen „intime(n) Freund" (HL S. 14, Z. 5/R S. 16, Z. 14 f.) ansieht, hält ihn für verrückt, denn von nun an bindet er jeden Tag einen frischen Blumenstrauß, den er am Abend, über die Gartenmauer steigend, auf einen steinernen Tisch in einer Laube ablegt. Jedes Mal, wenn er mit einem neuen erscheint, ist der alte Strauß abgeholt. An einem Abend nach einer Jagd der Herrschaft sieht er die schöne Frau auf einem Pferd in der Allee und erkennt, dass sie die Blumen vom Vortag an ihre

Arbeit als Zolleinnehmer

Blumen für die schöne Frau

| 1 SCHNELLÜBERSICHT | 2 JOSEPH V. EICHENDORFF: LEBEN UND WERK | 3 TEXTANALYSE UND -INTERPRETATION |

3.2 Inhaltsangabe

Brust geheftet hat. Verwirrt reicht er ihr den neuen Strauß mit den Worten: „Schönste gnädige Frau, nehmt auch noch diesen Blumenstrauß von mir, und alle Blumen aus meinem Garten und alles was ich habe. Ach könnt' ich für Euch ins Feuer springen!" (HL S. 15, Z. 23 f./R S. 18, Z. 5 ff.) Sie nimmt den Strauß verlegen und verschwindet, ohne etwas gesagt zu haben. Von nun an gefällt ihm die Existenz als Steuereinnehmer nicht mehr. Die Zahlen verwirren sich ihm und werden zu den ihn umgebenden Gestalten. Die schlanke Eins wird zum Inbegriff der schönen Frau. Das Sitzen vor der Tür wird ihm langweilig und der Gedanke, fortzugehen, meldet sich gelegentlich. Die Blumen, die er weiterhin auf dem steinernen Tisch ablegt, werden seit seinem Erlebnis mit der schönen Frau nicht mehr abgeholt. Er findet sie verwelkt vor, und so wuchert das Unkraut wieder in seinem Garten.

Das Maskenfest

Da erscheint die Kammerjungfer bei ihm und bestellt für ihre gnädige Frau Blumen. Sie will auf dem bevorstehenden Maskenfest im Schloss, das zu Ehren der Rückkehr des gnädigen Herrn stattfinden soll, als Gärtnerin auftreten. Die frischen Blumen aus seinem Garten soll er am Abend unter dem Birnbaum im Schlossgarten übergeben.

Freudig jätet er seinen Garten und sammelt alle Blumen in einen Korb, mit dem er bei Anbruch der Nacht zur verabredeten Stelle geht. Aus dem Schloss hört er die Musik des Tanzfestes, und um mehr von dem Trubel sehen zu können, besteigt er mit seinem Korb den Birnbaum. Als er Stimmen unter dem Baum flüstern hört, wird er aus seinen Gedanken gerissen. Die Kammerjungfer und

Verwechslung

eine Dame mit einer Maske sind angekommen. Aber es ist ihm, als sei nicht die schöne junge Frau dort unten, sondern die „andere ältere gnädige Frau!" (HL S. 19, Z. 19 f./R S. 23, Z. 7) Die Vermutung bestätigt sich etwas später, als sie die Maske entfernt. Die Blumen aber werden nicht übergeben und er, der Zolleinnehmer, wird ein „Lümmel" genannt, der „gewiss irgendwo hinter einem Strauche" liegt „und schläft." (HL S. 19, Z. 42 f./R S. 23, Z. 31) Die Damen kehren zum Fest zurück, und er sieht von seinem Baum aus seine schöne junge gnädige Frau mit dem gnädigen Herrn auf den Balkon treten „in ganz weißem Kleide, wie eine Lilie in der Nacht" (HL S. 20, Z. 27 f./R S. 24, Z. 25 f.), um ein Ständchen der Dienerschaft entgegenzunehmen. Ihm dämmert, dass nicht sie, sondern „die Tante" (HL S. 20, Z. 43/R S. 25, Z. 4) die Blumen bestellt haben muss, und der Gedanke, dass die Schöne schon lange verheiratet ist und gar nicht an ihn denkt, setzt sich in ihm fest. Als er in der Morgendämmerung endlich vom Baum heruntersteigt, packt ihn seine „ehemalige Reiselust" (HL S. 21, Z. 28/R S. 25, Z. 34) wieder. Er kehrt in sein Häuschen zurück, nimmt seine fast vergessene Geige von der Wand, lässt alle Utensilien des Zolleinnehmers zurück, verlässt singend und musizierend das Schloss und zieht auf der nächstbesten Straße „gen Italien" (HL S. 22, Z. 22/R S. 27, Z. 3).

Sehnsucht nach der Ferne

Aufbruch nach Italien und Bekanntschaft
mit den Malern Leonhard und Guido (3. Kapitel)
Bei der ersten Begegnung mit einem Bauern, der sich auf dem sonntäglichen Kirchgang befindet, fällt ihm ein, dass er den Weg nach Italien erfragen sollte. Doch der Bauer weist ihn unfreundlich zurück, was dem Taugenichts missfällt. Da er unschlüssig ist, was nun zu tun sei, tritt er in einen Garten neben der Straße ein, legt sich unter einen Apfelbaum, denkt an die schöne gnädige Frau und träumt in den Morgen hinein. Im Traum wähnt er sich mit der schönen Frau in seines Vaters Mühle. Doch sein Erwachen ist unsanft. Derselbe Bauer steht neben ihm und weist ihn unter groben Verdächtigungen aus dem Garten. Fluchtartig verlässt er diesen und läuft weiter. Sein Weg führt ihn durch einen schönen Wald,

3.2 Inhaltsangabe

Taugenichts als Dorfmusikant

der ihn zu Geigenspiel und Gesang verlockt, in ein von Bergen umschlossenes Wiesental, wo er einen Hirten melancholisch die Schalmei blasen hört, und endlich auf einen Dorfplatz mit einem Wirtshaus, wo sich Kinder und junges Bauernvolk im Tanz vergnügen. Auch er spielt mit seiner Geige auf. Als ihm dafür aber ein Geldstück geboten wird, weist er dies zurück, während er den Trunk Wein, der ihm von einem schmucken Mädchen gereicht wird, annimmt. Wenig später spricht ihn dieses Mädchen an, überreicht ihm eine Rose und will ihn mit dem Hinweis auf ihren sehr reichen Vater überreden, als Musikant im Dorf zu bleiben. Doch die Begegnung wird durch das polternde Auftauchen eines Betrunkenen unterbrochen. Der Taugenichts erwägt Möglichkeiten, die ihm die schöne Tochter des reichen Vaters eröffnen könnte, ist aber in Gedanken doch wieder zur Mühle und der schönen gnädigen Frau zurückgekehrt, als er zwei Reiter auf sich zukommen sieht.

Der Taugenichts macht Bekanntschaft mit dem vermeintlichen Räuber Leonhard, Verfilmung BRD 1977 © Cinetext

3.2   Inhaltsangabe

Es stellt sich heraus, dass sie sich auf dem Weg ins Dorf B. ver-
irrt haben. Sie wollen von ihm dorthin geführt werden. Er fürchtet
Prügel, weil auch er den Weg nicht kennt und führt sie auf gut
Glück in den Wald hinein. Doch dann wird er von einem der Reiter
angesprochen und als Zolleinnehmer erkannt. Es stellt sich heraus,
dass sie, die Maler Leonhard und Guido, häufig Gäste im Schloss
gewesen sind und sich auf einer Reise nach Italien befinden. Nach
einem Picknick im Freien setzen die drei am nächsten Morgen gemeinsam den Weg fort, die Maler auf ihren Pferden, während der
Taugenichts frisch und fröhlich nebenher marschiert.

Die Maler Leonhard und Guido

**Fahrt durch die Lombardei mit den Malern Leonhard und
Guido und Trennung von den Reisegefährten (4. Kapitel)**
Danach geht es weiter in der Kutsche, denn im Dorf B. hat ein statt-
licher Herr die Maler vor das Posthaus geführt, wo sie in eine Kutsche mit einem Postillon umgestiegen sind. Der Maler Leonhard
hat den Taugenichts mit neuen Kleidern ausstaffiert, die ihm gut
stehen, aber viel zu groß für ihn sind. Dennoch fühlt er sich auf der
Fahrt durch die Lombardei sehr wohl. Er sitzt auf dem Kutschbock
neben dem Postillon und betrachtet die vorbeifliegende Landschaft
mit großem Entzücken. Den Maler Leonhard bekommt er nicht zu
Gesicht, Guido richtet manchmal aus der Kutsche ein paar Worte
an ihn. Doch bald befällt ihn eine anhaltende Müdigkeit, sodass er
in ein „unaufhaltsames Schlafen" (HL S. 33, Z. 41/R S. 41, Z. 19),
verfällt, das er nur durch Essen und Trinken in einem Wirtshaus
unterbricht, während sich seine beiden Begleiter die Speisen in der
Kutsche servieren lassen. Bei einem solchen Wirtshausaufenthalt
kommt er mit einem buckligen Mann in einem altmodischen Auf-
zug ins Gespräch. Da er ihn aber nicht versteht – sie befinden sich
in der Lombardei – trennt er sich von ihm und beobachtet draußen
in der warmen Sommernacht Herrn Guido, wie er auf den Bal-

Der Bucklige

kon hinaustritt und zu seinem Zitherspiel ein Lied singt. Danach schläft er auf einer Bank ein. Nach ein paar Stunden weckt ihn ein Posthorn. Da er keinen der beiden Maler sieht, entschließt er sich, sie vor Ankunft der Postkutsche zu wecken, doch er muss feststellen, dass die beiden bereits abgereist sind. Auf dem Tisch findet er einen vollen Geldbeutel für „den Herrn Einnehmer" (HL S. 36, Z. 18/R S. 44, Z. 24). Von einer Magd erfährt er, dass sie beobachtet hat, wie Herr Guido während seines Gesangs erschreckt vom Balkon in sein Zimmer zurückgewichen ist. Später in der Nacht hat sie Pferdegetrappel gehört und den Bucklichen auf einem Schimmel über das Feld galoppieren sehen. Es sah aus wie „ein Gespenst (...) auf einem dreibeinigen Pferde" (HL S. 36, Z. 37 f./R S. 45, Z. 10). Der Taugenichts besteigt daher allein die Kutsche, der Postillon knallt die Peitsche und weiter geht es „in die weite Welt hinein." (HL S. 37, Z. 8/R S. 45, Z. 24)

Fahrt durch die Berge und Ankunft im Schloss in den Bergen (5. Kapitel)

Die Reise wird mit großer Geschwindigkeit fortgesetzt, bis der Taugenichts kein Geld mehr hat, denn die Gastwirte und Postmeister lassen sich ihre Dienste teuer bezahlen. Deshalb nimmt sich der Taugenichts vor, in einem Wald heimlich die Reisekutsche zu verlassen. Doch dann bemerkt er, wie der Kutscher, der kein Postillon mehr ist, den Hauptweg verlässt und ein Berggelände befährt. Als er sich aus dem Wagen lehnt, sieht er quer über den Weg einen Reiter sprengen und im Gebüsch verschwinden. In ihm glaubt er den buckligen Mann auf seinem Schimmel erkannt zu haben. Nach dem Passieren einsamer Gegenden kommen sie an ärmlichen Hütten vorbei, und endlich fahren sie in den engen gepflasterten Schlosshof eines großen alten Schlosses auf dem Gipfel des Berges.

3.2 Inhaltsangabe

Ein alter langer Mann mit Laterne empfängt ihn wie einen „großen Herrn" (HL S. 39, Z. 20/R S. 48, Z. 22). Danach erscheint eine alte, sehr hässliche Frau mit einem Schlüsselbund, die ihn mit einem tiefen Knicks begrüßt und alsdann in ein „großes schönes herrschaftliches Zimmer" (HL S. 40, Z. 2/R S. 49, Z. 11 f.) im Schloss führt, vorbei an der Küche, aus der ihn junge Mägde neugierig betrachten.

Im Zimmer findet er einen mit Speisen und Getränken gedeckten Tisch und eine junge Magd zu seiner Bedienung. Nachdem er reichlich gegessen hat, wünscht er zu schlafen und die junge Magd zu verabschieden, was von ihr erst nach langem Zögern unter „verhaltene(m) Kichern" (HL S. 40, Z. 40/R S. 50, Z. 14 f.) befolgt wird. In dem prächtigen Bett schläft er endlich vergnügt über die neue Situation ein.

Aufenthalt im Schloss und Flucht (6. Kapitel)
Als er am nächsten Morgen erwacht, weiß er zunächst nicht, wo er ist. Dann aber kommen ihm die Erlebnisse der letzten Nacht in den Sinn. Als er sich im Zimmer umschaut, entdeckt er eine nur angelehnte Tapetentür. Neugierig sieht er in das Nebenzimmer und findet das Mädchen dort schlafend auf einem Bett. Er zieht sich zurück und verriegelt die Tür sorgfältig. Dann begibt er sich mit seiner Geige ins Freie und gerät in einen verwilderten Garten mit vielen Terrassen, die den Berg hinunter führen. Auf einer entdeckt er einen Jüngling, der sich dort merkwürdig und auffällig deklamierend bewegt. Obwohl er die Begegnung mit ihm sucht, kommt es zu keinem Gespräch und der Jüngling verschwindet im Gebüsch. Der Taugenichts spielt auf der Geige und ruft damit helle Bewunderung bei den Schlossbewohnern, der hässlichen Alten, dem grämlichen alten Mann und den Mägden hervor. Allmählich erfährt er, dass das Schloss einem Grafen gehört, dass der dünne

junge Mann Student ist und als Neffe der Alten seine Ferien auf dem Schlosse verlebt. Am Abend hört er unter seinem Fenster eine Nachtmusik, kann jedoch ihre Herkunft nicht ermitteln, und als er sich rufend bemerkbar macht, verstummt die Musik, und jemand läuft schnell fort.

Leben in Saus und Braus

Sein Leben, das nicht aufwendiger und bequemer sein könnte, genießt er zunächst, doch nach einer Weile fällt ihm das Faulenzen schwer und er fürchtet, „vor Faulheit noch ganz auseinander(zu) fallen" (HL S. 43, Z. 43/R S. 54, Z. 10 f.). Als er einmal das Posthorn hört, fällt ihm ein Lied ein, das er in seines Vaters Mühle von einem Handwerksburschen gelernt hat. Nun singt er „Wer in die Fremde will wandern/Der muss mit der Liebsten gehen". Der Postillon hält im Schlosshof und übergibt der Alten einen vermeintlich an den

Brief der schönen Frau Aurelie

Taugenichts gerichteten Brief. Er stammt von seiner schönen Frau und sie schreibt ihm, es sei nun alles wieder gut, alle Hindernisse seien beseitigt, und sie bittet ihn zurückzukommen, da sie ohne ihn kaum leben könne. Der Taugenichts erkennt, dass seine schöne Frau ihn liebt. Überglücklich verbringt er den Tag mit dem Brief im Garten. Am Abend lädt er auch die Schlossbewohner zum gemeinsamen Essen in den Garten, spielt Geige und isst und trinkt, bis alle vergnügt werden und er schließlich mit dem Studenten tanzt. Dann aber eröffnet er ihnen seinen Entschluss fortzugehen.

Gefangen im Schloss

Am Abend hört er daraufhin Stimmen im Garten und entdeckt schließlich die Alte und den Schlossverwalter. Im Licht der von ihnen mitgeführten Laterne macht er ein Messer aus und die bösen Züge der Alten. Ihm fallen allerlei Mordgeschichten ein, und während er sich mit einem Tisch bewaffnet in die äußerste Ecke seines Zimmers zurückzieht, hört er Schritte auf der Treppe, und das Schloss seiner Tür wird dreimal von außen verschlossen. Er ist gefangen und stellt sich vor, wie die schöne Frau wartend am Fenster steht und ihn bereits mit seiner Geige am Zollhäuschen

3.2 Inhaltsangabe

angekommen wünscht. Die Nachtmusik ertönt erneut vor seinem
Fenster, und leise versucht er, sich mit dem Gitarrenspieler zu verständigen. Er steckt das Briefchen und die Geige ein und klettert   Flucht
an der alten zersprungenen Mauer hinunter auf die Terrasse, wo
ihn der Student auffängt und über versteckte Wege zu einem Gartentor führt, durch das sie in den Wald entkommen. Nun wird es
im Schloss lebendig, offensichtlich wird nach ihm gesucht, und als
auch der Student sich ihm gegenüber merkwürdig auf den Knien
rutschend gebärdet, rennt er davon und erklettert eine hohe Tan-
ne, von der aus er eine bessere Fluchtgelegenheit abwarten will.
Schließlich wird es still, seine Verfolger haben sich entfernt, und
er steigt vom Baum herab und läuft atemlos weiter in das Tal und
in die Nacht hinaus.

Ankunft in Rom und die Begegnung mit einem Maler und anderen Landsleuten (7. Kapitel)

Unterwegs erfährt der Taugenichts, dass er sich wenige Meilen vor
Rom befindet. Er freut sich, „die heilige Stadt" (HL S. 49, Z. 17/R
S. 61, Z. 7) zu sehen, und wandert über eine große Heide, auf der,
wie man sagt, „die Frau Venus begraben liegt" (HL S. 49, Z. 27/R
S. 61, Z. 17 f.). Daraufhin zieht er durch ein prächtiges Tor in die
berühmte Stadt. Aus einem Garten hört er Gitarrenklänge und   Ankunft in Rom
den Gesang einer Frau, die er als seine schöne gnädige Frau zu
erkennen glaubt, da sie dasselbe „welsche Liedchen" (HL S. 50,
Z. 10/R S. 62, Z. 7) singt. Er steigt daher in den Garten hinein und
sieht in der Ferne eine schlanke, weiße Gestalt, die sich aber eilig entfernt und in einem Haus verschwindet, dessen Türen fortan
verschlossen bleiben, auch als er vor dem Haus die Geige spielt.
Endlich schläft er auf der Türschwelle ein. Beim Erwachen in der
Morgendämmerung muss er jedoch erkennen, dass das Haus seit
Langem unbewohnt ist. Er begibt sich daher aus dem Garten und

| 1 SCHNELLÜBERSICHT | 2 JOSEPH V. EICHENDORFF: LEBEN UND WERK | 3 TEXTANALYSE UND -INTERPRETATION |

3.2   Inhaltsangabe

ist, als er die prächtige Stadt vom Gitterwerk des Tores herunter in der Morgensonne funkeln sieht, voll Entzücken. Unschlüssig setzt er sich auf einen Brunnenrand, nimmt seine Geige und singt dazu das Lied „Wenn ich ein Vöglein wär" (HL S. 51, Z. 34 ff./R S. 64, Z. 8 ff.). Ein junger Mann hört ihm zu und spricht ihn in deutscher Sprache an. Es stellt sich heraus, dass er Maler ist. Er lädt ihn ein, in seine Werkstatt mitzukommen, mit ihm zu frühstücken und ihm Modell zu sitzen, denn sein Kopf gefällt ihm. Nach einem langen Weg durch „eine Menge konfuser enger und dunkler Gassen" (HL S. 52, Z. 22 f./R S. 65, Z. 4 f.) gelangen sie schließlich in des Malers Dachwohnung, wo es äußerst unordentlich zugeht. Nach einem Frühstück sitzt der Taugenichts Modell, was ihm reichlich schwer fällt, doch am Ende sitzt sein Kopf im Bild auf einem Hirtenknaben in einem Bild der Geburt Christi im Stall von Bethlehem. Danach sieht er sich andere Bilder im Atelier an und es stellt sich heraus, dass der Maler die beiden Maler Leonhard und Guido kennt und gar die schöne gnädige Frau gemalt hat, die die Maler und deren Violine spielenden Begleiter in Rom gesucht hat. Eilig ergreift er seinen Hut und läuft zur Tür hinaus. Der Maler ruft ihm nach, am Abend wiederzukommen, um mehr zu erfahren.

Der Maler

Gartenszene bei Rom und überstürzter Aufbruch aus der Stadt (8. Kapitel)
Der Taugenichts läuft durch die Stadt. Er will das Gartenhaus des Vorabends wiederfinden, doch er irrt erfolglos in den Straßen Roms herum. Das Menschengetümmel gefällt ihm zunächst, als aber die Mittagshitze unerträglich wird und die Menschen sich in ihre Häuser zurückgezogen haben, empfindet er eine große Müdigkeit und begibt sich in den Schatten eines von Säulen gestützten großen Balkons, wo er einschläft und von seinem Dorf träumt, in dem es Blumen regnet. Als er erwacht, findet er tatsäch-

| 4 REZEPTIONS-GESCHICHTE | 5 MATERIALIEN | 6 PRÜFUNGS-AUFGABEN |

3.2 Inhaltsangabe

lich Blumen über sich ausgestreut, die von blühenden Sträuchern aus einem der oberen Fenster herabgefallen sind, hinter denen ein Papagei spricht. Übermütig beginnt er einen Streit mit dem Papagei, bis er von dem Maler, der lachend hinter ihm steht, unterbrochen und in einen Garten außerhalb Roms mitgenommen wird, wo er Landsleute treffen will. Nach einem langen Weg zwischen Landhäusern und Weingärten gelangen sie endlich zu einem hoch gelegenen Garten, den sie durch eine Pforte betreten. Junge Leute, Gartenszene
die gebannt auf eine Szene blicken, die von zwei musizierenden Frauen und einem Mann gestellt wird, bedeuten ihnen, sich still zu verhalten und ebenfalls dem „sinnreiche(n) Tableau"[9] (HL S. 57, Z. 6/R S. 71, Z. 3) zuzuschauen. Doch wird die Stille abrupt vom Gezänk eines jungen Paares unterbrochen, das polternd den Garten betritt. Der junge Mann, ein Maler namens Eckbrecht, wie sich später herausstellt, beschuldigt das Mädchen, ihn zu hintergehen, weil dieses nicht bereit ist, ihm einen Zettel zu zeigen, den es bei sich trägt. Wenig später sucht das Mädchen Schutz beim Taugenichts. Sie steckt ihm den Zettel zu, eine Nachricht ihrer Herrin an den „Einnehmer" (HL S. 57, Z. 36/R S. 71, Z. 35), auf dem Ort und Zeit genannt sind, wo er sich einfinden soll. Nun erkennt er in dem Mädchen die Kammerjungfer, die ihm seinerzeit die Flasche Wein ins Zollhaus gebracht hat. Überglücklich holt er seine Geige hervor und spielt in den „Rumor" (HL S. 57, Z. 38/R S. 72, Z. 32) hinein, der kein Ende nehmen will. Es gelingt ihm, die Gesellschaft zum Tanzen zu bringen und voller Begeisterung springt er mit. Die Kammerjungfer aber mahnt ihn, die Verabredung einzuhalten, „die schöne junge Gräfin" warte (HL S. 59, Z. 21/R S. 74, Z. 2).

---

9   Gemeint ist hier die Nachstellung des Bildes von Johann Erdmann Hummel (1769–1852) mit dem Titel *Gesellschaft in einer italienischen Locanda*. E. T. A. Hoffmann beschreibt es am Anfang seiner Erzählung *Fermate*, die 1816 im *Frauentaschenbuch* erschienen war. Bilder nachzustellen, war ein beliebter Zeitvertreib in der Romantik.

3.2 Inhaltsangabe

Allmählich verliert sich die Gesellschaft aus dem Garten. Zurück bleiben die beiden Maler, mit denen er singt und redet. Und während Herr Eckbrecht auf der Gitarre spielt und deutsche und italienische Lieder singt, denkt er „an die schöne Fraue" und „an die ferne Heimat" (HL S. 60, Z. 25 f./R S. 75, Z. 16).

Der andere Maler ist eingeschlafen und Eckbrecht hält dem Taugenichts eine Rede, in der er ihn, den Maler und sich selbst als „Genies" (HL S. 61, Z. 11/R S. 76, Z. 10) bezeichnet, im Besitz von „Siebenmeilenstiefeln" (HL S. 61, Z. 13/R S. 76, Z. 13), mit denen sie auf die Ewigkeit zumarschieren. Unter solchen Reden verlässt der Taugenichts den Garten und folgt dem beschriebenen Weg zum Treffpunkt, obwohl es noch zu früh ist. Wenig später findet er sich genau auf dem Brunnenplatz an dem Ort wieder, an dem er am Vorabend über das Tor in den Garten gestiegen ist. Auf dem Brunnenrand sitzend, hört er wieder den Gesang der schönen

Verwechslungen

Frau. Als von der Stadtseite her ein junger Mensch in einem weißen Mantel auf das Gartentor zugeht und es mit einem Schlüssel öffnet, glaubt der Taugenichts in ihm den ihm ohnehin unsympathischen jungen Maler Eckbrecht zu erkennen, der „die gnädige Frau beschleichen, verraten, überfallen" (HL S. 62, Z. 29 f./R S. 78, Z. 3 f.) will. Er springt ihm daher durch das geöffnete Tor nach und schreit „aus vollem Halse ‚Mordio!' dass der ganze Garten erzitterte." (HL S. 63, Z. 3 f./R S. 78, Z. 23 f.) Doch muss er erkennen, dass er die Kammerjungfer vor sich hat, die den Mantel des Malers trägt und die ihn einen Narren schimpft. Das Geschrei hat Leute herbeigerufen. Darunter ist auch die gnädige Frau, die sich aber nicht als die seine, sondern als eine schöne, korpulente, mächtige italienische Dame mit einer Adlernase entpuppt. **Dieser** Gräfin hat er gefallen, sie hat ihm die Blumen gestreut und für ihn Arien gesungen, doch seine schöne gnädige Frau sei längst wieder in Deutschland. Durch einen Trick vertreibt die Kammerjungfer die

3.2 Inhaltsangabe

Herbeigeeilten aus dem Garten, und auch er wird durch die Pforte
abgeschoben. Alle Freude ist ihm nun „in den Brunn gefallen" (HL
S. 64, Z. 28/R S. 80, Z. 24), Italien mit seinen verrückten Malern,
Pomeranzen und Kammerjungfern erscheint ihm falsch und er
wandert sogleich zum Tor hinaus.

Rückkehr

Aufbruch nach Wien mit den Studenten, Fahrt auf der Donau (9. Kapitel)

Als der Taugenichts nach einiger Zeit von einem hohen Berg aus
bis nach Österreich sehen kann, überkommt ihn große Freude,
sodass er ein Lied anstimmt. Hinter ihm im Wald stimmen Instru-
mente in sein Lied ein und er trifft auf drei musizierende Gesellen,
mit Oboe, Klarinette und Waldhorn, die sich als Prager Studenten
vorstellen, die in den Ferien reisen, um die Welt zu sehen und sich
mit Musizieren durchzuschlagen. Nach längerer Beratschlagung,
bei der gemeinsam etwas gegessen wird, beschließen sie, auf der
Donau mit dem Schiff weiterzufahren, denn einer der Studenten
hat einen Vetter, der auf einem Schloss Portier ist. Ihn wollen sie
besuchen. Es stellt sich heraus, dass der Portier der des Schlosses
vor W. ist, den auch der Taugenichts gut kennt.

Drei musizieren-de Studenten

Schiffsreise auf der Donau

Sogleich brechen sie zur Schiffsanlegestelle auf. Dort stoßen sie
auf einen älteren Herrn, der von einem „schlanke(n) Bürschchen"
(HL S. 69, Z. 3 f./R S. 86, Z. 14) begleitet wird, das aber bei Ankunft
der Musikergruppe wegreitet, während der ältere Herr das Schiff
besteigt. Auch ein junges Mädchen ist Passagier, und es stellt sich
während der Fahrt auf der Donau heraus, dass es auf dem Weg
ins Schloss der gnädigen Frau Gräfin ist, um dort Kammerjungfer
zu werden. Sie erzählt von einer dort bevorstehenden Hochzeit
der Gräfin mit einer alten heimlichen Liebschaft. Der Bräutigam
werde aus Italien erwartet, von wo er vor geraumer Zeit aufgebro-
chen sei. Die Nachricht habe eine Dame aus Rom geschickt, die

Hochzeits-konfusionen

auch berichtet habe, dass er „in der Nacht passatim" (HL S. 71, Z. 20/R S. 89, Z. 10 f.) gehe „und am Tage vor den Haustüren" (HL S. 71, Z. 20 f./R S. 89, Z. 11) schlafe. Hier fühlt sich der Taugenichts erkannt und widerspricht heftig, indem er den Bräutigam als „moralische(n), schlanke(n), hoffnungsvolle(n) Jüngling" (HL S. 71, Z. 23 f./R S. 89, Z. 14 f.) darstellt, ohne allerdings seine Identität preiszugeben, denn auch der geistliche Herr kennt ihn nicht. Er bezeichnet das alles als große „Konfusion" (HL S. 71, Z. 33/R S. 89, Z. 25). Während der Becher kreist und erzählt und gesungen wird, tauchen das Zollhäuschen und das Schloss in der Ferne auf.

Wiedersehen mit der schönen gnädigen Frau und Auflösung der Konfusion (10. Kapitel)

Das Schiff legt an, und die Fahrgäste verlieren sich in unterschiedliche Richtungen. Der Taugenichts rennt sogleich zum herrschaftlichen Garten. Er kommt am Zollhäuschen vorbei, dessen Fenster offen stehen. Da er niemanden sieht, betritt er es und setzt sich an den Schreibtisch. Da aber erscheint ein alter, hagerer Einnehmer und vertreibt ihn schimpfend. Aus dem Blumengarten ist wieder ein Kartoffelacker geworden. Der Taugenichts rennt nun direkt auf den Schlossgarten zu und schwingt sich auf die Mauer. Er sieht in den Garten hinein und hört jemanden ein Lied singen. Stimme und Text erinnern ihn an den Maler Guido. Auch sieht er die schöne gnädige Frau prächtig gekleidet, ihr gegenüber eine andere junge Dame mit einem braunen Lockenkopf. Als die schöne Frau ihn erblickt, schreit sie laut auf. Die andere Dame springt auf und klatscht lachend dreimal in die Hände. Aus dem Gebüsch kommen viele kleine Mädchen, die ihn umringen. Außerdem tritt ein junger Mann hervor, in dem der Taugenichts den Maler Leonhard erkennt. Leonhard führt die schöne gnädige Frau zum Taugenichts und hält ihm eine Rede, die von Verwirrungen handelt,

3.2 Inhaltsangabe

die durch die Liebe bedingt sind. Im Einzelnen stellt sich die Lösung folgender Verwicklungen heraus: Leonhard ist in Flora, die Tochter der Gräfin, verliebt. Sie aber war bereits einem anderen versprochen. Leonhard entführte Flora daraufhin, wobei sie sich als Maler Guido verkleidet hat. Auf der Flucht begegneten Guido und Leonhard im Wald dem Taugenichts. Da sie von dem kleinen Buckligen verfolgt wurden, der der Spion der schönen Gräfin war, haben sie das Wirtshaus in B. allein verlassen und ließen den Verfolger die falsche Fährte aufnehmen, indem sie den Einnehmer in der Postkutsche weiterreisen ließen. Das Bergschloss gehörte Herrn Leonhard, der in Wirklichkeit ein Graf ist. Guido/Flora sollte dort versteckt werden. Dort angekommen, wurde aber der Taugenichts für Flora gehalten und entsprechend empfangen. Als die Burgbewohner erfuhren, dass Flora/Taugenichts fliehen will, trafen sie Maßnahmen, um die Flucht zu verhindern. Jetzt soll nach dem Willen der Gräfin die Liebe Leonhards zu Flora durch ihre Hochzeit gekrönt werden. Gleichzeitig aber soll auch der Taugenichts vermählt werden. Seine schöne gnädige Frau ist nämlich tatsächlich gar keine Gräfin, sondern die Nichte des Portiers, der sie als Waise mit ins Schloss gebracht hat. Das Tanzfest, das Auslöser für seine Flucht aus dem Schloss war, war zur Rückkehr des Sohnes veranstaltet worden. Das Erscheinen seiner schönen gnädigen Frau an der Hand des jungen Grafen auf dem Balkon erklärt sich durch das zufällige Zusammentreffen seiner Rückkehr und ihres Geburtstags, der Anlass war, auch ihr das Ständchen der Dienerschaft zu widmen. Nun soll auch ihre Liebe zum Taugenichts durch die Heirat mit ihm gekrönt werde. Sie zeigt ihm ein Schlösschen im Garten, in dem sie beide wohnen werden. Der Taugenichts ist froh, nun den Portier zum Onkel zu haben. Der Aufforderung, sich in Zukunft eleganter zu kleiden, begegnet er ironisch und kündigt an, gleich nach der Trauung mit ihr, den Studenten und dem Portier nach

Hochzeit des Taugenichts

3.2 Inhaltsangabe

Italien aufzubrechen, um die schönen Wasserkünste in Rom zu betrachten. Von fern schallt Musik herüber, und Leuchtkugeln fliegen vom Schloss durch die stille Nacht, denn alles, alles ist gut.

3.3 Aufbau

Der Aufbau der Handlung

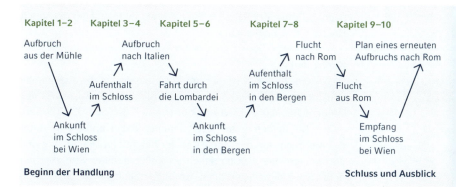

Übersicht und Chronologie der Kapitel

In den zehn Kapiteln des *Taugenichts* geht es um immer neue Aufbrüche auf dem Weg zum Glück. Der namenlose Taugenichts ist mit dem Märchenhelden vergleichbar, in dem noch das Ensemble aller Möglichkeiten und Optionen versammelt ist. Die stets lauernden Gefahren und Gefährdungen besteht der Held, auch wenn er sie nicht durchschaut und noch weniger rational zu erklären sucht. Wunsch und Wunscherfüllung fügen sich nicht durch zielstrebige, vernunftgeleitete Handlungen, sondern durch das Walten einer übergeordneten Macht und durch Intuition. Es ist daher nur konsequent, wenn der Taugenichts beim Aufbruch aus der väterlichen Mühle, die er verlässt, weil der Vater es anordnet, aber auch weil es ihm „kurz vorher selber eingefallen" war, „auf Reisen zu gehen" (HL S. 5, Z. 14 f./R S. 5, Z. 17 f.), in seinem ersten Lied nur den lie-

Intuition als Leitbild

3.3 Aufbau

Ziellosigkeit

Zeitlich chronologisch erzählt

ben Gott walten lässt (HL S. 6, Z. 5/R S. 6, Z. 13). Auch im Aufbau der Novelle spiegelt sich die Ziellosigkeit ihrer Hauptfigur wider, indem die Ereignisse und Begegnungen wie zufällig aneinander gereiht werden. Es wird zeitlich chronologisch erzählt, beginnend beim Aufbruch der Reise bis hin zu ihrem Ende und der geplanten Hochzeit des Taugenichts.

Kap. 1 und 2:

Aufbruch statt Ankommen

Dass es im *Taugenichts* eher um Aufbruch als um das Ankommen geht, zeigt sich bereits in der Undeutlichkeit des Reiseziels des Taugenichts, das er „selber nicht wusste" (HL S. 6, Z. 21/R S. 6, Z. 30). Die beiden ersten Kapitel stehen daher unter dem Motto des Aufbruchs aus der Mühle und der Ankunft im Schloss. Die sich dort anbahnende Sesshaftigkeit als Zolleinnehmer wird aber mit derart ironisch philisterhaften Attributen (Schlafmütze, Schlafrock, Pantoffeln und Tabakspfeife) belegt, dass ein erneuter Aufbruch unabdingbar erscheint. Auslöser für den zweiten Aufbruch ist die vermeintliche Erkenntnis der Unerreichbarkeit der „schöne(n) Frau droben auf dem Schlosse" (HL S. 21, Z. 30/R S. 25, Z. 36). Die Philisterutensilien werden beim „Ausbruch des Vogels aus dem Käfig" zurückgelassen, Gefühle zwischen „traurig" und „so überaus fröhlich" (HL S. 22, Z. 10 ff./R S. 26, Z. 26) gespannt, und die Liedstrophe, in der dem lieben Gott erneut das Walten überlassen wird, begleitet wiederum den Aufbruch. Das Ziel ist nun Italien (HL S. 22, Z. 22/R S. 27, Z. 3).

Kap. 3 und 4:

Der Weg ist dem Taugenichts unbekannt, und der Versuch, ihn zu erfragen, scheitert. Vielmehr vertreibt ihn der Bauer aus dem Garten und dem rückwärts gewandten Traum, wo er sich zusammen mit der schönen Frau in der Mühle seines Vaters wähnt.

4 REZEPTIONS-GESCHICHTE	5 MATERIALIEN	6 PRÜFUNGS-AUFGABEN

3.3 Aufbau

Der Versuchung durch das Mädchen, eine sesshafte Existenz anzunehmen, widersteht er sogleich mit dem Gedanken an die schöne junge Frau. In Begleitung der beiden Reiter, die in ihm den Zolleinnehmer erkannt haben und die ihn ohne sein Wissen während ihrer gemeinsamen Reise durch die Lombardei ihren Zwecken dienstbar machen, setzt er seine Reise in „die weite Welt" (HL S. 37, Z. 8/R S. 45, Z. 23) fort.

Kap. 5 und 6:

Das durch die beiden Maler Leonhard und Guido gelenkte Geschick führt den Taugenichts in das Schloss in den Bergen. Der Aufenthalt dort ist geprägt von zuvorkommender Behandlung durch die Bediensteten. Er fühlt sich „auf dem einsamen Schlosse wie ein verwunschener Prinz" (HL S. 43, Z. 25 f./R S. 53, Z. 29 f.). Und doch fällt ihm das Faulenzen allmählich immer schwerer, er fängt an, „von dem guten Essen und Trinken ganz melancholisch zu werden" (HL S. 43, Z. 40 f./R S. 54, Z. 7 f.), und als er das Posthorn hört, ergreift ihn die Sehnsucht nach der schönen Frau ebenso wie nach seines Vaters Mühle. Der ihm zugestellte Brief Aureliens bewegt ihn schließlich zur Flucht aus dem Schloss, das er schließlich wiederum mit unklarem Ziel hinter sich lässt und „atemlos weiter in das Tal und in die Nacht hinaus" (HL S. 48, Z. 42 f./R S. 60, Z. 20 f.) läuft.

Kap. 7 und 8:

Der Taugenichts begibt sich auf den Weg nach Rom, weil er unterwegs erfahren hat, dass er nur noch wenige Meilen von der heiligen Stadt entfernt ist. In Rom angekommen, sieht er sich weiter in Verwechslung und Irreführung verwickelt. Er bewegt sich in Gärten und auf Plätzen, in engen, dunklen Gassen, in der verwinkelten Mansarde des Malers, zwischen Landhäusern und Weingärten, an

Verwechslungen und Irreführungen

AUS DEM LEBEN EINES TAUGENICHTS

genau bezeichneten Treffpunkten, um der schönen gnädigen Frau habhaft zu werden, von der er glaubt, dass sie sich seinetwegen in Rom aufhält. Am Ende, als er erkannt hat, dass seine schöne Frau „schon lange wieder in Deutschland" „mitsamt" seiner Amour (HL S. 64, Z. 8 f./R S. 80, Z. 2 f.) ist, fällt ihm „alle Lust und Freude in den Brunn" (HL S. 64, Z. 27 f./R S. 80, Z. 24). Er kehrt dem falschen Italien auf ewig den Rücken und wandert zum Tor hinaus (HL S. 64, Z. 28 ff./R S. 80, Z. 24 ff.).

Kap. 9 und 10:
Im Folgenden erfährt der Leser, dass sich der Taugenichts in Richtung Österreich auf den Weg gemacht hat, denn unmittelbar nach dem einleitenden Lied steht er „auf einem hohen Berge, wo man zum ersten Mal nach Östreich hineinsehen kann" (HL S. 65, Z. 9 f./R S. 81, Z. 13 f.). Gemeinsam mit musizierenden Studenten geht es in der Folge zielgerichtet mit dem Schiff die Donau hinab, und nicht mehr die Beschwörung der „Fremde" und der „Ferne" wie in den vorhergegangenen Liedern steht im Vordergrund, sondern „Beatus ille homo/Qui sedet in sua domo" (Glücklich der Mensch, der in seinem Haus sitzt). Das Zollhäuschen kommt in Sicht, die Verwirrungen und Konfusionen lösen sich, und der Sesshaftigkeit mit der Liebsten in einem Schlösschen nach ihrer Vermählung steht nichts mehr im Weg. Seine Antwort aber ist: „(...) und gleich nach der Trauung reisen wir fort nach Italien, nach Rom, da gehn die schönen Wasserkünste, und nehmen die Prager Studenten mit und den Portier!" (HL S. 80, Z. 34 ff./R S. 101, Z. 3 ff.)

Auflösung

Ewiger Aufbruch

Nicht um das Ankommen im Irgendwo, sondern um den erneuten Aufbruch nach Irgendwohin geht es im *Taugenichts*. Immer öffnet sich das Hier und Jetzt zum Dort, und die romantische Sehnsucht lässt eine unendliche Erfüllung jenseits des Endlichen ahnen. Re-

3.3 Aufbau

gelmäßig weicht die novellistische Verwicklung dem märchen-
haften Ausblick ins Wunderbare. Der Taugenichts ist mit seinen
wiederholten Entgrenzungen die unendliche Geschichte des Menschen auf dem aus Zeit und Raum hinausführenden Weg in seine
eigentliche Heimat, in der alles auf ewig im Innern miteinander
verwandt ist.

Entgrenzungen
zum Eigentlichen

3.4 Personenkonstellation und Charakteristiken

3.4 Personenkonstellation und Charakteristiken

ZUSAMMEN-
FASSUNG

Der Titel gebende Taugenichts ist die Hauptfigur. Alle anderen Personen werden durch ihre Funktion mit Blick auf die Stationen, die er durchläuft, bestimmt. Er kann gesehen werden als Märchenheld, dem letztlich alles gelingt. Sein Name allerdings charakterisiert ihn ebenso als romantisches und poetisches Programm. Mit dem Taugenichts entwirft Eichendorff eine Gestalt, mit der der Leser die Möglichkeit der Poesie auskosten kann, allerdings immer im Bewusstsein, dass es sich um ferne, für ihn selbst unerreichbare Möglichkeiten handelt. In der Poesie werden Lebensideale entworfen, die aber von der Lebenswirklichkeit und vom praktischen Leben abgesondert sind.

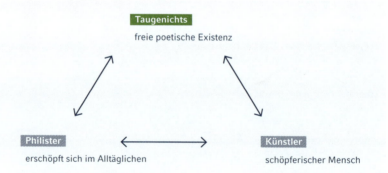

Die Hauptfigur

Die Geschichte wird in der Ich-Perspektive aus dem Blickwinkel des Taugenichts erzählt. Im gesamten Plotverlauf bleibt er der Taugenichts, auf eine individuelle Namengebung wird verzichtet. Der Name charakterisiert ihn, ist aber auch romantisches und poetisches Programm. „Taugenichts" nennt ihn der Vater zu Beginn und beschreibt ihn als jemanden, der sich sonnt und seine Knochen müde dehnt und reckt, ohne zu arbeiten. Die Hauptfigur selbst nimmt den Namen und damit auch das Programm an. Seine Einstellung und Haltung ist für ihn die Voraussetzung für sein Glück in der Welt, und so antwortet er: „Wenn ich ein Taugenichts bin, so ist's gut, so will ich in die Welt gehen und mein Glück machen." (HL S. 5, Z. 12 f./R S. 5, Z. 15 f.)

Name ist romantisches und poetisches Programm

Mit dem Taugenichts entwirft Eichendorff eine Gestalt, mit der der Leser die Möglichkeit der Poesie auskosten kann, wohl wissend, dass es sich um ferne, für ihn unerreichbare Möglichkeiten handelt. Im Taugenichts trennt der Autor das Lebensideal von der Lebenswirklichkeit und sondert damit die Poesie vom praktischen Leben ab.

So wird der Taugenichts als romantischer Held einem Märchenhelden vergleichbar. Mit ihm teilt er den Aufbruch aus dem gesicherten zu Hause und die Wanderschaft. Wie der Märchenheld ist er geprägt von Naivität, Spontaneität und Unbekümmertheit. Zuweilen holt ihn das Heimweh nach der väterlichen Mühle ein, aber er ist immer wieder in der Lage, die dunklen Gedanken zu verscheuchen und mit dem hellen Morgen einen erneuten Aufbruch zu wagen. Wie im Märchen geleiten ihn Helfer auf seinem Weg in die Liebeserfüllung mit seiner „schönen gnädigen Frau".

Märchenheld

Naivität

Helfer

Der Taugenichts ist Gegenbild zur Figur des Philisters, einem Typus, dessen Leben sich in der Wirklichkeit erschöpft. Die Philister sind die eigentlich „Trägen, die zu Hause liegen" (HL S. 5,

Gegenbild zur Figur des Philisters

Z. 36/R S. 6, Z. 5), okkupiert von der Arbeit und den Tagesgeschäften, ohne Blick und Sinn für die Schönheiten der Natur und Poesie. Allein aus ihrer Perspektive erschließt sich der Name „Taugenichts" als eine freie, poetische, im bürgerlichen Sinn nutzlose Existenz. Der Taugenichts bedauert diese Menschen zutiefst. Als er aus seinem Dorfe zieht, bekennt er offen

> „Ich hatte recht meine heimliche Freud', als ich da alle meine alten Bekannten und Kameraden rechts und links, wie gestern und vorgestern und immerdar, zur Arbeit hinausziehen, graben und pflügen sah, während ich so in die freie Welt hinausstrich. (...) Mir war es wie ein ewiger Sonntag im Gemüte." (HL S. 5, Z. 22 ff./R S. 5, Z. 26 ff.)

Der freudigen Aufbruchstimmung folgen aber nicht nur Glück und Sorglosigkeit, sondern auch der Verlust von Geborgenheit. Stimmungen der Einsamkeit und Verlassenheit überkommen ihn. Leitmotivisch kommen ihm die Gedanken an die Mühle des Vaters und auch später im Schloss sitzt er „wie ein Rohrdommel im Schilfe eines einsamen Weihers" und ihm ist „zum Sterben bange" (HL S. 10, Z. 30 f. u. 10, Z. 35/R S. 12, Z. 7 f. u. 12, Z. 12), während sich die anderen jungen Burschen des Schlosses im Tanz vergnügen. In der adligen Gesellschaft fühlt er sich „arm (...) und verspottet und verlassen von der Welt (...) und weinte bitterlich." (HL S. 12, Z. 24 ff./R S. 14, Z. 18 ff.)

Auf dem Höhepunkt seiner Empfindung des Andersseins und der Ausgeschlossenheit philosophiert er:

> „Alles ist so fröhlich, um dich kümmert sich kein Mensch. – Und so geht es mir überall und immer. Jeder hat sein Plätzchen auf der Erde ausgesteckt, hat seinen warmen Ofen, seine Tasse Kaf-

3.4 Personenkonstellation und Charakteristiken

fee, seine Frau, sein Glas Wein zu Abend, und ist so recht zufrieden (...). Mir ist's nirgends recht. Es ist, als wäre ich überall eben zu spät gekommen, als hätte die ganze Welt gar nicht auf mich gerechnet." (HL S. 18/19, Z. 41 ff./R S. 22, Z. 20 ff.)

Solche Gedanken heben den Taugenichts über den naiven Märchenhelden hinaus und stellen ihn in die Nähe der romantischen Künstlerfigur. Zwar ist der Taugenichts nicht als Künstler ausgewiesen, doch sein Geigenspiel und seine Sangesfreude rücken ihn in dessen Nähe. Auch die Liebe macht den Taugenichts zum Künstler, denn die Liebe ist „ein Poetenmantel, den jeder Phantast einmal in der kalten Welt umnimmt, um nach Arkadien auszuwandern" (HL S. 76, Z. 11 ff./R S. 95, Z. 12 ff.), wie Herr Leonhard in seinem Sermon am Ende der Märchennovelle bekräftigt.

Romantische Künstlerfigur

Auffällig ist, dass sich der Taugenichts überwiegend in der Welt des Adels bewegt. Kommen Philister vor, wie der Gärtner und der Bauer, so bewegen sie sich in einem Spannungsfeld zum Taugenichts. Kurzfristig spielt er mit den Gedanken an Sparsamkeit und Sesshaftigkeit (HL S. 13, Z. 39 ff./R S. 16, Z. 5 f.), doch gibt er den Vorsatz schnell auf. Aus dem Kartoffelacker wird ein Blumengarten, sodass der Portier des Schlosses ihn für „verrückt" (HL S. 14, Z. 7/R S. 16, Z. 16) hält. Seine „intime" Freundschaft (HL S. 14, Z. 5/R S. 16, Z. 14) besteht schon die erste Zerreißprobe nicht. Er jagt den Portier davon, als er dessen Widerspruch gegen „die edle Jägerei" (HL S. 14, Z. 29/R S. 17, Z. 4) anhören muss, die für ihn mit Husten „von den ewig nassen Füßen" (HL S. 14, Z. 32 f./R S. 17, Z. 7 f.) verbunden ist. Ein echter Faulenzer ist der Taugenichts allerdings nicht, nützlich macht er sich in der Natur. Gärten liebt er, zu ihrer Gestaltung und Verwandlung in Blumengärten trägt er bei, und selbst im Schloss in den Bergen hilft er „wohl auch manchmal in der Gärtnerei nach" (HL S. 43, Z. 33/R S. 53, Z. 37),

Die Welt des Adels

AUS DEM LEBEN EINES TAUGENICHTS

		3.4 Personenkonstellation und Charakteristiken

um der Wildnis Herr zu werden. Vor allem aber zeichnet ihn die Liebe zur Natur aus. Der Taugenichts ist Kristallisationsfigur aller Sehnsüchte, allen Fernwehs, allen Schmerzes des Ungenügens an bürgerliche Existenzansprüche.

Kristallisationsfigur aller Sehnsüchte

Nebenfiguren

Eichendorff führt eine Vielzahl von Personen an, deren Aura auf den Taugenichts ausstrahlt. Auf allen Stationen, die er durchläuft, begegnen ihm neue Personen, Künstler und Philister, die zum Verwechslungs- und Verwirrspiel beitragen. Im Schloss bei Wien und im Schlossgarten ist er Beobachter. Dort ist es vor allem seine schöne gnädige Frau, deren Begegnung er sucht. Unter ihrem Fenster bezieht er den Posten eines Beobachters in aller Frühe, bis er entdeckt wird und sie nicht wieder sieht. Ein weiteres Mal begegnet er ihr in der Allee, als sie offensichtlich von der Jagd kommt. Als er seine Blumen an ihrem Busen entdeckt, kann er eine Liebesbezeugung nicht mehr zurückhalten (HL S. 15, Z. 19 ff./R S. 18, Z. 5 ff.). Die Folge ist, dass sie nun für ihn ganz unerreichbar wird. Madonnengleich wird sie für ihn zum Bild, das sich in seine Seele eingräbt. Sie selbst bleibt für ihn stumm. Ihre Augen richten sich bei der Fahrt im Kahn auf das Wasser, Blicke kann er von ihr nicht erhaschen. So sieht er immer nur von außen und lebt in Vorstellungen, ohne auf die Idee zu kommen, den Wahrheitsgehalt seiner Vorstellungen zu überprüfen. Im Gegenteil: Er nimmt unhinterfragt an, was ihm von außen angeboten wird. Bei seiner Beförderung zum Zolleinnehmer beispielsweise, die er „in Betrachtung Seiner guten Aufführung und besondern Meriten" (HL S. 13, Z. 14 f./R S. 15, Z. 14 f.) erhält, findet er, nachdem er seine bisherige Aufführung und seine Manieren überdacht hat, „dass der Amtmann Recht hatte." (HL S. 13, Z. 18/R S. 15, Z. 19) Als Gärtnerbursche hat ihn der Leser freilich eher als Müßiggän-

Schöne gnädige Frau

3.4   Personenkonstellation und Charakteristiken

ger erlebt. Auf Grund seiner Naivität bleibt ihm der wahre Sachverhalt bis zum Schluss verborgen. Erst da erfährt er, dass Aurelie, seine schöne gnädige Frau, nicht Gräfin, sondern die Freundin der Grafentochter Flora ist, dass ihre Briefzeilen nicht ihm, sondern Flora gegolten, dass er im Schloss in den Bergen für Flora gehalten, dass nicht er, sondern Flora in Rom gesucht wurde, dass die Schiffspassagiere auf der Donau nicht von seiner bevorstehenden Heirat sprachen und dass seine Liebe nicht das Zentrum, sondern der Nebenschauplatz aller Umtriebe war. Als Glückskind aber ist er Nutznießer des mit ihm getriebenen Spiels.

Merkwürdige Figuren begegnen ihm auf seiner Fahrt durch die Lombardei in Gestalt des Buckligen, der sich als Spion der Gräfin erweist, und im Personal des Schlosses in den Bergen. Sie sind keine Individuen, der Leser erfährt nur ihre Funktion, die darin besteht, Flora/Taugenichts zu verwöhnen und auf jeden Fall zu behüten. Die fantastischen Züge, die ihnen zuweilen anhaften, erweisen sich als Teil des ihnen erteilten Auftrags, wenn sie zum Beispiel mit allen Mitteln versuchen, die Flucht des vermeintlichen Mädchens in Männerkleidern zu vereiteln.

Der Bucklige und das Personal im Schloss in den Bergen

In Rom begegnet der Taugenichts echten und angemaßten Künstlerfiguren und der italienischen Gräfin. Sie ist nicht, wie erhofft, seine schöne gnädige Frau, sondern sucht mit ihm ein erotisches Abenteuer, dem sich der Taugenichts fluchtartig entzieht. Sein Bestreben ist es, sich rein zu erhalten für die Liebeserfüllung mit seiner schönen gnädigen Frau. Belohnt wird seine Haltung durch die Heirat mit ihr. Auch die Prager Studenten, mit denen er die Reise auf der Donau macht, sind nur während der Semesterferien Musikanten. Sie sind keine echten Künstler, denn sie musizieren in den Bauerndörfern für Geld, und ihr freies Leben ist von kurzer Dauer. Am Ende der Ferien kehren sie an die Universität zurück. Ihr Ziel ist ein Brotberuf, der sie sicher ins Philisterdasein

Künstler in Rom und die italienische Gräfin

Prager Studenten

3.4 Personenkonstellation und Charakteristiken

führt. Wie weit der Taugenichts von ihnen entfernt ist, wird deutlich, als er im Dorf B. das ihm angebotene Geld für sein Geigenspiel zurückweist. Er spielt nur aus „Freude" (HL S. 26, Z. 30/R S. 32, Z. 13) und die Stampe Wein aus den Händen eines schönen Mädchens ist ihm Lohn genug.

Zusammenfassend lässt sich sagen, dass der Taugenichts die zentrale Figur der Märchennovelle ist, während alle übrigen Personen im Hinblick auf die Erfüllung seines Glücks agieren und in allem seiner Glückserfüllung zuarbeiten.

3.5 Sachliche und sprachliche Erläuterungen

3.5 Sachliche und sprachliche Erläuterungen

HL S. 7, Z. 15/ R S. 7, Z. 35	**Bandelier**	hier: Schulterschmuckband
HL S. 7, Z. 34/ R S. 8, Z. 18	**Perpendikel**	Uhrpendel
HL S. 7, Z. 40/ R S. 8, Z. 25	**Herumvagieren**	herumstreifen
HL S. 8, Z. 10 f./ R S. 9, Z. 2	**Diskurrieren**	diskutieren, miteinander sprechen
HL S. 9, Z. 13/ R S. 10, Z. 14 f.	**Eine blinde Henne (...)**	Sprichwort
HL S. 9, Z. 13 f./ R S. 10, Z. 15	**Wer zuletzt lacht (...)**	Sprichwort
HL S. 9, Z. 14 f./ R S. 10, Z. 16	**Der Mensch denkt (...)**	Sprichwort
HL S. 10, Z. 30/ R S. 12, Z. 7	**Rohrdommel**	Schreitvogel aus der Familie der Reiher von gedrungener Gestalt; lebt sehr versteckt im dichten Röhricht großer Teiche
HL S. 13, Z. 6/ R S. 15, Z. 6	**Parlieren**	leichte Konversation betreiben, hineinreden
HL S. 47, Z. 15/ R S. 15, Z. 28	**Kommode**	bequem
HL S. 15, Z. 38/ R S. 18, Z. 23	**Vom Transport bis zum Latus**	Fachausdrücke aus der Buchführung des 19. Jahrhunderts
HL S. 16, Z. 9 f./ R S. 19, Z. 2	**Parasol**	Sonnenschirm
HL S. 17, Z. 27/ R S. 20, Z. 31	**Kapriolen**	Bocksprünge
HL S. 19, Z. 31/ R S. 23, Z. 19	**Flechsen**	Halssehnen, hier: geschwollene Adern am Hals

1 SCHNELLÜBERSICHT	2 JOSEPH V. EICHENDORFF: LEBEN UND WERK	3 TEXTANALYSE UND -INTERPRETATION

3.5 Sachliche und sprachliche Erläuterungen

HL S. 22, Z. 34/ R S. 27, Z. 16	**Ein spanisches Rohr**	Spazierstock aus Bambus
HL S. 23, Z. 3/ R S. 27, Z. 22 f.	**Pomeranzen**	Zitrusfrüchte des Mittelmeerraums
HL S. 23, Z. 5/ R S. 27, Z. 25	**Konduite**	Benehmen
HL S. 24, Z. 21 f./ R S. 29, Z. 20	**Kamisol**	Weste
HL S. 24, Z. 23/ R S. 29, Z. 22	**Poperenzen**	Verballhornung des Wortes Pomeranzen, Anklang an Popanz
HL S. 24, Z. 31/ R S. 29, Z. 31	**Knollfink**	Schimpfwort, das einen Grobian bezeichnet
HL S. 25, Z. 28/ R S. 30, Z. 36	**Attent**	aufmerksam
HL S. 26, Z. 32/ R S. 32, Z. 14	**Stampe**	mundartlich schlesisch für Trinkglas
HL S. 27, Z. 20/ R S. 33, Z. 12	**Kopftremulenzen**	Vibrator-Effekte, die bei der Geige durch Handschwingungen erreicht werden
HL S. 27, Z. 35/ R S. 33, Z. 27 f.	**Übern Kochlöffel balbiert**	alte Redewendung, die anstelle von „betrügen" gebraucht wird
HL S. 28, Z. 2/ R S. 34, Z. 1	**Fistel**	Fistelstimme, sehr hohe Stimme
HL S. 28, Z. 4/ R S. 34, Z. 4	**Feldscher**	Militärfriseur, der auch als Wundarzt fungierte
HL S. 28, Z. 4/ R S. 34, Z. 4	**Rage**	Wut, Zorn
HL S. 28, Z. 8/ R S. 34, Z. 8 f.	**Ambrasieren**	Wortspiel, frz. embrasser: umarmen
HL S. 28, Z. 17 f./ R S. 34, Z. 18	**Jung gefreit hat niemand gereut**	Sprichwort

HL S. 28, Z. 18/ R S. 34, Z. 18	**Wer's Glück hat, führt die Braut heim**	Sprichwort
HL S. 28, Z. 18/ R S. 34, Z. 19 f.	**Bleibe im Lande und nähre dich tüchtig**	Sprichwort
HL S. 29, Z. 2/ R S. 35, Z. 11	**Martialisch**	kriegerisch (Mars, röm. Kriegsgott)
HL S. 29, Z. 30/ R S. 36, Z. 4	**Räson**	Vernunft
HL S. 30, Z. 26/ R S. 37, Z. 11	**Schnapphahn**	Wegelagerer, Strauchdieb
HL S. 61, Z. 6/ R S. 37, Z. 30	**Vazieren**	ohne Stellung sein
HL S. 68, Z. 2/ R S. 38, Z. 5 f.	**Repetieren**	Eine Repetieruhr zeigt durch Schlagen auf Knopfdruck die Zeit an
HL S. 32, Z. 13/ R S. 39, Z. 15	**Come é bello!**	(ital.) Wie schön er ist!
HL S. 33, Z. 25 f./ R S. 41, Z. 2	**Einsprechen**	hier: Einkehren
HL S. 34, Z. 4/ R S. 41, Z. 26 f.	**Welschland**	Bezeichnung für das Land jenseits der Alpen
HL S. 34, Z. 37/ R S. 42, Z. 25	**Servitore**	(ital.) Diener
HL S. 34, Z. 37/ R S. 42, Z. 25 f.	**Arriware**	(ital.) arrivare: ankommen
HL S. 34, Z. 39/ R S. 42, Z. 28	**Parlez vous françois?**	Verballhornung von „Sprechen Sie Französisch?"
HL S. 35, Z. 4/ R S. 42, Z. 36 f.	**Babylonischer Diskurs**	Anspielung auf die biblische Sprachverwirrung nach dem Turmbau zu Babel (Babylon)
HL S. 35, Z. 11 f./ R S. 43, Z. 7 f.	**Passatim gehen**	Verballhornung des Studenten- lateins „gassatim gehen": in den Gassen spazieren

1 SCHNELLÜBERSICHT	2 JOSEPH V. EICHENDORFF: LEBEN UND WERK	3 TEXTANALYSE UND -INTERPRETATION

3.5 Sachliche und sprachliche Erläuterungen

HL S. 36, Z. 3/ R S. 44, Z. 8	**Hoppevogel**	Wiedehopf, auch Hopfen- nachtvogel genannt
HL S. 39, Z. 22/ R S. 48, Z. 24	**In Kamisol und Rock**	in Weste und Rock
HL S. 39, Z. 23/ R S. 48, Z. 25	**Schnipper**	Stirnlappen an der Haube
HL S. 39, Z. 29/ R S. 48, Z. 31	**Kratzfüße machen**	tiefe Verbeugungen machen
HL S. 39, Z. 33/ R S. 48, Z. 35	**Bagage**	(frz.) Gepäck
HL S. 40, Z. 22/ R S. 49, Z. 32	**Poverino**	(ital.) Ärmster!
HL S. 40, Z. 37 f./ R S. 50, Z. 12	**Felicissima notte!**	(ital.) Recht gute Nacht!
HL S. 42, Z. 17/ R S. 52, Z. 9	**Kaputrock**	langer Kapuzenmantel
HL S. 46, Z. 10/ R S. 57, Z. 1	**Basilisk**	Ungeheuer aus der antiken My- thologie, dessen Blick tödlich ist
HL S. 49, Z. 27/ R S. 61, Z. 17	**Frau Venus**	röm. Göttin der Schönheit
HL S. 50, Z. 23/ R S. 62, Z. 21	**Füßeln**	leichtfüßig davonlaufen
HL S. 52, Z. 16/ R S. 64, Z. 33	**Abkonterfeien**	malen, porträtieren
HL S. 54, Z. 6/ R S. 67, Z. 7 f.	**Leonardo da Vinci**	berühmter italienischer Maler der Renaissance
HL S. 54, Z. 6/ R S. 67, Z. 8	**Guido Reni**	ital. Maler, der wie Leonardo Vorbild für die Malschule der Nazarener ist
HL S. 56, Z. 6/ R S. 69, Z. 30	**Furfante!**	(ital.) Spitzbube

| 4 REZEPTIONS-GESCHICHTE | 5 MATERIALIEN | 6 PRÜFUNGS-AUFGABEN |

3.5 Sachliche und sprachliche Erläuterungen

HL S. 57, Z. 6/ R S. 71, Z. 3	**Tableau**	Bild, hier: Das Nachstellen des Bildes durch lebende Personen, ein beliebtes Gesellschaftsspiel der gebildeten Schichten im 18. und 19. Jahrhundert.
HL S. 57, Z. 7/ R S. 71, Z. 4	**Der selige Hoffmann**	Gemeint ist der Dichter E. T. A. Hoffmann (1776–1822). Das Sterbedatum 1822 hilft bei der Datierung des *Taugenichts*.
HL S. 57, Z. 9/ R S. 71, Z. 5	**Hummelsches Bild**	gemeint ist das Bild Johann Erdmann Hummels: Die Gesellschaft in einer italienischen Locanda, das E. T. A. Hoffmann in seiner Erzählung *Die Fermate* (1816) beschreibt. Es war im Herbst 1814 auf der Berliner Kunstausstellung zu sehen. Eichendorff bezieht sich auf beide Ereignisse.
HL S. 58, Z. 30/ R S. 73, Z. 1	**Deliziöser Einfall**	köstlicher Einfall
HL S. 58, Z. 31 f./ R S. 73, Z. 3	**Divertissement**	(frz.) Unterhaltung
HL S. 61, Z. 11/ R S. 76, Z. 10	**Wir Genies**	Der Geniebegriff, der sich aus der Epoche des Sturm und Drang herleitet, ist dem lateinischen Verb gignere: „hervorbringen, erzeugen" verwandt. Eichendorff hatte eine kritische Distanz dem Gebrauch des Begriffes gegenüber. Er verband mit ihm Hybris, gotteslästerliche Erhebung.
HL S. 62, Z. 26/ R S. 77, Z. 37	**Pike**	heimliche Abneigung, die auf Vergeltung sinnt

| 1 SCHNELLÜBERSICHT | 2 JOSEPH V. EICHENDORFF: LEBEN UND WERK | 3 TEXTANALYSE UND -INTERPRETATION |

3.5 Sachliche und sprachliche Erläuterungen

HL S. 65, Z. 16/ R S. 81, Z. 20	Dreistutzer	Hut mit drei Ecken
HL S. 65, Z. 39/ R S. 82, Z. 10	Kollation	Imbiss, Erfrischung
HL S. 66, Z. 30/ R S. 83, Z. 9	Point d'honneur	hier: Standesbewusstsein
HL S. 66, Z. 30 f./ R S. 83, Z. 9 f.	Odi profanum vulgus et arceo	(lat.) Ich hasse den Pöbel und distanziere mich von ihm (Zitat des lat. Schriftstellers Horaz).
HL S. 66, Z. 37 ff./ R S. 83, Z. 18	Clericus clericum non decimat	(lat.) Ein Geistlicher bezahlt keinem Geistlichen etwas.
HL S. 66, Z. 40 f./ R S. 83, Z. 21	Distinguendum est inter et inter	(lat.) Es gilt zu unterscheiden.
HL S. 66, Z. 41 f./ R S. 83, Z. 22	Quod licet Jovi, non licet bovi!	Was Jupiter erlaubt ist, ist dem Ochsen nicht erlaubt. (lat. Sprichwort)
HL S. 67, Z. 7 f./ R S. 83, Z. 31 f.	Aurora musis amica	(lat.) Die Morgenröte ist die Freundin der Musen.
HL S. 68, Z. 2/ R S. 84, Z. 35	Kompendien repetieren	Schulbuchweisheiten wiederholen
HL S. 68, Z. 28/ R S. 85, Z. 25	Kondiszipels	Mitschüler
HL S. 69, Z. 41/ R S. 87, Z. 13	Brevier	Stundengebetbuch katholischer Geistlicher
HL S. 70, Z. 19/ R S. 87, Z. 37	Ludi magister	(lat.) Meister des Spiels. Bezogen auf den Taugenichts Meister des Geigenspiels
HL S. 70, Z. 33/ R S. 88, Z. 16	Devotion	Ehrerbietung
HL S. 70, Z. 39/ R S. 88, Z. 22	In Kondition kommen	In Stellung gehen, einen Dienst annehmen

| 4 REZEPTIONS-GESCHICHTE | 5 MATERIALIEN | 6 PRÜFUNGS-AUFGABEN |

3.5 Sachliche und sprachliche Erläuterungen

HL S. 71, Z. 33/ R S. 89, Z. 25	Konfusion	Durcheinander
HL S. 72, Z. 25 f./ R S. 90, Z. 26 f.	Et habeat (...) fornacem	(lat.) Dem sei Frieden, der hinterm Ofen sitzt.
HL S. 72, Z. 37 f./ R S. 91, Z. 3 f.	Venit (...) homo	(lat.) Er kommt aus seinem Hause. Glücklich jener Mann!
HL S. 72, Z. 40/ R S. 91, Z. 6	Boreas	kalter Gebirgswind im Norden Griechenlands
HL S. 73, Z. 7 ff./ R S. 91, Z. 13 ff.	Beatus ille (...) bonam pacem	(lat.) Glücklich der Mensch, der in seinem Haus hinterm Ofen sitzt und Frieden hat.
HL S. 73, Z. 26/ R S. 92, Z. 4	Rekommandieren	empfehlen
HL S. 75, Z. 26/ R S. 94, Z. 19	Wir bringen Dir den Jungfernkranz	Chorlied der Brautjungfern in der Oper *Der Freischütz* von Carl Maria von Weber, uraufgeführt 1821 in Berlin.
HL S. 76, Z. 8/ R S. 95, Z. 9	Couragiös	mutig
HL S. 76, Z. 12/ R S. 95, Z. 14	Arkadien	griechische Landschaft, die seit der Renaissance sinnbildhaft für eine paradiesische Hirtenland- schaft steht
HL S. 76, Z. 28/ R S. 95, Z. 32	Sermon	Predigt

AUS DEM LEBEN EINES TAUGENICHTS

3.6 Stil und Sprache

ZUSAMMEN-FASSUNG

Typisch für Eichendorffs Stil und Sprache sind:

→ reihende Satzmuster,
→ Wie- und Tiervergleiche,
→ ein breites Spektrum räumlicher Darstellung,
→ poetische statt realistische Landschaftsdarstellung,
→ Fensterblick von innen nach außen,
→ Verknüpfung verschiedener Sinneseindrücke (Synästhesien),
→ Antinomie zwischen Bewegung im Freien und in geschlossenen Räumen,
→ Tageszeiten als Stimmungsbarometer, Ich-Perspektive eines naiven Erzählers,
→ vorsichtiger Umgang mit Ironie,
→ eingestreute Lyrik als strukturierende und stimulierende Elemente.

Satzmuster der Reihung

Durchgängig besticht der Taugenichts durch seine äußerst poetische Sprache. Der Erzählstil ist leichtfüßig, wenn auch nicht gerade einfach. Eichendorff verwendet gern das Satzmuster der Reihung, sodass sich eine Satzperiode häufig über mehrere Textzeilen erstreckt. Erzählt wird in der Ich-Form als Ausdruck der Unmittelbarkeit des Erlebens. Das Taugenichts-Ich jedoch hat keinerlei Abstand zu dem, was es erlebt hat und erzählt. Zwar wird das epische Präteritum verwendet, aber zwischen dem Erlebten und der Erzählgegenwart gibt es nichts, was Distanz zum Erzählten geschaffen hätte. Hier ein Beispiel: „(...) ich habe nur seitdem fast alles wieder vergessen. Überhaupt weiß ich eigentlich gar nicht

| 4 REZEPTIONS-GESCHICHTE | 5 MATERIALIEN | 6 PRÜFUNGS-AUFGABEN |

3.6 Stil und Sprache

recht, wie doch alles so gekommen war (...)." (HL S. 7/8, Z. 43 ff./R S. 8, Z. 29 ff.) Gelegentlich wechselt der Erzähler ins Präsens. Der Mangel an Distanz ist verantwortlich für den Eindruck der Naivität des Helden, ebenso wie die Tiervergleiche, die in einfachen Wie-Vergleichen (Rohrdommel, Nachteule) anstelle von Metaphern zum Ausdruck kommen.

Tempuswechsel

Eichendorff, als meisterlicher Beschreibungskünstler, kostet das gesamte Spektrum räumlicher Darstellung aus. Durch die Mehrdimensionalität entstehen beim Leser plastische Bilder:

Mehr-dimensionalität

> „**Hinter mir** gingen nun Dorf, Gärten und Kirchtürme unter, **vor mir** neue Dörfer, Schlösser und Berge auf; **unter mir** Saaten, Büsche und Wiesen bunt vorüberfliegend, **über mir** unzählige Lerchen in der klaren blauen Luft – ich schämte mich laut zu schreien, aber innerlichst jauchzte ich und strampelte und tanzte auf dem Wagentritt herum, dass ich bald meine Geige verloren hätte, die ich unterm Arme hielt." (HL S. 6, Z. 30 ff./R S. 7, Z. 5 ff.)

Auffällig ist, dass der Raum immer wieder nach oben geöffnet wird, typisches Indiz des romantischen Lebensgefühls und seiner Überhöhung in die transzendente Dimension. Wolken und Himmel, Morgenröte, Abenddämmerung und Nacht bestimmen den Lebensrhythmus und drücken die Seelenlage aus.

Über die Landschaftsdarstellung bei Eichendorff liegen aus den sechziger Jahren Forschungsarbeiten vor, deren Ergebnisse hier berücksichtigt werden.[10] Keinem Leser bleibt verborgen, dass es

Landschafts-darstellung

---

10 Alewyn, Richard: *Eine Landschaft Eichendorffs*. In: Paul Stöcklein (Hrsg.): Eichendorff heute. Stimmen der Forschung mit einer Bibliografie. Darmstadt 1966, S. 19–43
Seidlin, Oskar: *Eichendorffs symbolische Landschaft*. Ebd., S. 218–241

AUS DEM LEBEN EINES TAUGENICHTS

3.6   Stil und Sprache

sich nicht um realistische Landschaften handelt, sondern um poetische. Städte und Dörfer bleiben meist namenlos, individuelle Beschreibungen entfallen. Genannt werden stereotype Attribute wie „prächtig", „licht", „herrschaftlich", „sauber", „schön" u. a. m. Selbst Rom bleibt sehr ungenau. Das wirkliche Rom unterscheidet sich wenig von dem „prächtigen" seiner Kindervorstellung „mit wundersamen Bergen und Abgründen am blauen Meer, und goldnen Toren und hohen glänzenden Türmen" (HL S. 49, Z. 9 ff./R S. 60, Z. 33 f.). Als er sich Rom wirklich nähert, steigt die Stadt immer prächtiger vor ihm herauf, „und die hohen Burgen und Tore und goldenen Kuppeln glänzten so herrlich im hellen Mondschein" (HL S. 49, Z. 31 ff./R S. 61, Z. 22 ff.). Durch ein „prächtiges" Tor gelangt er in die „berühmte" Stadt. Der Mond scheint zwischen den Palästen, die Brunnen rauschen auf den stillen Plätzen, und erquickende Düfte erfüllen die Luft. Später dann läutet es in der heiligen Stadt von allen Türmen zur Messe (HL S. 55, Z. 10 f./R S. 68, Z. 24). Wälder, Dörfer, in die Ferne führende Landstraßen, verblauende Gebirgszüge, aus der Tiefe heraufblitzende Flüsse, Schlösser und Landhäuser, die sich samt den dazugehörigen Park- und Gartenanlagen an Berghänge anschmiegen, dies sind die immer wiederkehrenden Elemente, die im Leser das Bild einer romantischen Landschaft hervorrufen. Regen und Kälte bleiben ausgespart. Die Landschaftsbeschreibung weist jedoch stets eine Tiefendimension auf. Der Blick des Betrachters schweift von einem meist erhöhten Standpunkt in die Ferne:

„Wir aber waren fast zu gleicher Zeit in einem Sommerhause angekommen, das am Abhange des Gartens stand, mit dem offnen Fenster nach dem weiten tiefen Tale zu. Die Sonne war schon lange untergegangen hinter den Bergen, es schimmerte nur noch wie ein rötlicher Duft über dem warmen, verschal-

3.6 Stil und Sprache

lenden Abend, aus dem die Donau immer vernehmlicher heraufrauschte, je stiller es ringsum wurde." (HL S. 79, Z. 6 ff./R S. 99, Z. 1 ff.).

Die sprachlichen Fügungen enthalten nicht nur den für den Romantiker Eichendorff typischen Fensterblick, aus der Enge des Daseins in die Weite der Unendlichkeit verweisend, sondern auch Synästhesien, die Verknüpfung von verschiedenen Sinnesebenen. Klänge, Licht, Düfte durchfluten die Landschaft, Präfixe (**ver**schallen), Präpositionen und adverbiale Bestimmungen des Ortes werden mit Verben der Bewegung verbunden. Es entsteht eine bewegte Landschaft. Indem ein Subjekt sie wahrnimmt, wird sie zur erlebten Landschaft. „Zielpunkte der Bewegung sind einerseits das erlebende Subjekt und andererseits ein Punkt in der Ferne, von dem dieses mit magischer Kraft angezogen wird."[11]

Fensterblick

Synästhesien

Der Taugenichts wird meist in Bewegung und im Freien gezeigt, geschlossene Räume haben für ihn etwas Bedrohliches. Im Schloss in den Bergen erfasst ihn Panik, als er sich eingeschlossen sieht. Der Sprung ins Freie enthebt ihn der Angst und Enge, die auch in der Landschaft bedrohliche Züge annimmt, wenn der Standort des Betrachters den Blick in die Ferne verhindert. So ist das Schloss in Italien von Bergen umstellt. Es gibt den Blick nach Italien hinein nicht frei. Das Posthorn weckt deshalb Fernweh in ihm. Der Brief Aureliens, den er an sich selbst gerichtet glaubt, befreit ihn zumindest seelisch aus der Enge, die immer wieder überwunden wird. Die Landschaftsdarstellung spiegelt die oft widersprüchliche

Enge und Weite

---

11 Hans Poser: *J. v. Eichendorff : Aus dem Leben eines Taugenichts*. In: Jakob Lehmann (Hrsg.):
Deutsche Novellen von Goethe bis Walser. Interpretationen für den Literaturunterricht. Bd. 1,
Scriptor, Königstein Ts. 1980, S. 110

| 1 SCHNELLÜBERSICHT | 2 JOSEPH V. EICHENDORFF: LEBEN UND WERK | 3 TEXTANALYSE UND -INTERPRETATION |

3.6 Stil und Sprache

innere Verfassung des Helden, schwankend zwischen Glück und Angst, Freude und Trauer.

Wichtig ist auch die Tageszeit, in der das Ich eine Landschaft betrachtet. Dieselbe Landschaft kann am Morgen Züge der Weite und Freiheit tragen, aber am schwülen Mittag einengen und niederdrücken. Dies ist die häufigste Zeit, in der ihn das Heimweh nach der Mühle des Vaters erfasst. Der Taugenichts jauchzt innerlichst (HL S. 6, Z. 34/R S. 7, Z. 9), als er am Morgen den Wagentritt besteigt, aber in der Mittagsschwüle zeigt sich ihm die Landschaft als eine „weite Fläche so leer und schwül und still" (HL S. 6, Z. 38 f./R S. 7, Z. 14 f.). Vor allem der kühle Morgen lockt zum Aufbruch in die Ferne, während der Abend die Landschaft in poetischen Glanz taucht, erfüllt von Düften und Klängen.

Im Taugenichts wird hinter dem naiven Ich-Erzähler aber auch immer wieder der Autor deutlich, der sich mit dem Leser augenzwinkernd in ironischer Weise verständigt. Hierher gehört der Gebrauch von Sprichwörtern und Redensarten, die gehäuft und gereiht werden. Da sie dem Leser bekannt sind, stellt sich eine geheime Übereinkunft mit dem Autor ein. Der Ich-Erzähler ist Geschöpf des Autors, dem er mit Sympathie und Ironie gegenübersteht.

Sprichwörter und Redensarten

„Durch diese ganz außergewöhnliche Erzählhaltung, in der die Perspektive des erlebenden Ich durch die Interferenz (Überlagerung, Überschneidung) des Autors in der Schwebe gehalten wird, entsteht eine besonders artistische Prosa, deren Charakteristikum das Element des Spielerischen und Absichtslosen ist."[12]

— — —

12 Ebd., S. 115

| 4 REZEPTIONS-GESCHICHTE | 5 MATERIALIEN | 6 PRÜFUNGS-AUFGABEN |

3.6 Stil und Sprache

Die Ironie ist jedoch immer nur angedeutet, sie erhält dem Tau-genichts stets die Lesersympathie, zum Beispiel bei der Behaup-tung, die berühmten Renaissancemaler Leonardo (da Vinci) und Guido (Reni) „wie seine eigene Tasche" zu kennen, weil er mit ihnen gereist sei, oder bei der Behauptung, sich nicht in Italien verständigen zu können, wenngleich er das Gespräch mit dem Buckligen für den Leser fast auf Anhieb verständlich wiedergibt (HL S. 34, Z. 35 ff./R S. 42, Z. 25 ff.). Dort heißt es u. a.: „(...) er frug und frug immer wieder; je mehr wir parlierten, je weniger ver-stand einer den andern, zuletzt wurden wir beide schon hitzig" (HL S. 34/35, Z. 43 ff./R S. 42, Z. 32 ff.). Die Diskussionen mit dem Buckligen ebenso wie mit dem Papagei in Rom tragen darüber hinaus parodistische Züge. Der Gebrauch der Sprache selbst wird zum Charakteristikum für die Personen, die sie verwenden. Auffäl-lig ist dies beim Zusammentreffen mit den Prager Studenten und in der Gesellschaft auf dem Postschiff auf der Donau. (HL S. 65, Z. 13 ff./R S. 85, Z. 5 ff.)

Ironie

Den Reiz der Erzählung unterstreicht aber nicht zuletzt die ein-gestreute Lyrik, die auch noch strukturierende Funktion besitzt. Die Lieder haben einen solchen Bekanntheitsgrad erreicht, dass sie für Volkslieder gehalten werden. Zum einen können sie als Bestandteil des romantischen Romans gelten, zum andern unter-streichen sie die vorherrschende Stimmungslage und nicht zuletzt verdichten und überhöhen sie die Erzählung poetisch.

Eingestreute Lyrik

Die Lieder als Stimmungsbarometer charakterisieren die Stim-mungslage des Subjekts. In *Wem Gott will rechte Gunst erweisen* werden die Wanderlust und die Verehrung Gottes in seiner Schöp-fung leitmotivisch herausgehoben. Im aufbrechenden Taugenichts wird das Gegenbild zum Philister, zum Trägen, der zu Hause liegt, entwickelt. *Wohin ich geh und schaue* unterstreicht die Sehnsucht angesichts der Unerfüllbarkeit der Liebe. *Wer in die Ferne will wan-*

Lieder als Stimmungs-barometer

AUS DEM LEBEN EINES TAUGENICHTS

3.6   Stil und Sprache

dern stellt eine Hommage an Deutschland dar, ebenso wie *Die treu-
en Berg' stehn auf der Wacht* Österreich besingt. Im Lied der Prager
Studenten klingt die Tradition der Studentenlieder mit ihren lateinischen Abschlussversen an. Überaus lyrisch sind die beiden sehr
bekannten und verbreiteten Lieder *Wenn ich ein Vöglein wär'* und
Schweigt der Menschen laute Lust, ebenfalls leitmotivartig einge-
setzt als Erkennungslied Guido/Floras. Die Beliebtheit des Liedes
Wenn ich ein Vöglein wär' ist nicht zuletzt aus der Tatsache zu erklären, dass man mit ihm die fernen Möglichkeiten einer Poesie
auskosten kann, ohne dass an eine Realisierung in der Wirklichkeit gedacht werden muss. Auch der Philister kann mitsingen, es
spannt keine Erwartungen auf, die es zu erfüllen gilt, da es im Kon-
junktiv gehalten ist. In allen Liedern Eichendorffs finden wir die
anspruchsvollen Motive romantischer Poesie, darüber darf auch
der schlichte und vertraute Volksliedton nicht hinwegtäuschen.

| 4 REZEPTIONS-GESCHICHTE | 5 MATERIALIEN | 6 PRÜFUNGS-AUFGABEN |

3.7 Interpretationsansätze

3.7 Interpretationsansätze[13]

ZUSAMMEN-
FASSUNG

Es kommen bei den Interpretationsansätzen drei verschiedene Interpreten zu Wort.

Weite Verbreitung hat die Deutung des *Taugenichts* als Glücksmärchen in Gestalt einer novellistischen Erzählung von Benno von Wiese, vorgelegt 1956, gefunden. Seine Anschauungen fanden in der Studenten- und Lehrerschaft lange Zeit große Beachtung und wurden gern weitergegeben.

Dierk Rodewald fasst in seinem Aufsatz von 1973 den *Taugenichts* dagegen als Musterbeispiel ironischen Erzählens auf und macht seine Anschauung im Wesentlichen an der Wandlungsunfähigkeit des Helden fest. Held wie Leser befinden sich durchgängig in der gleichen Situation des Unwissens. Erst ganz zum Schluss erfolgt in wenigen Worten eine Aufklärung der Handlungsvorgänge.

Ansgar Hillach betont die romantische Grundhaltung der Novelle. Für ihn ist sie romantisches Programm; wie die „aventiure" im Versroman des Mittelalters beschreibt sie einen Lebensweg, „dicht gewirkt und in der Balance gehalten zwischen Staunen und Ironie."

---

13 Einen Überblick über die zahlreichen Interpretationsansätze gibt Alexander von Bormann: *Joseph von Eichendorff, Aus dem Leben eines Taugenichts.* In: *Interpretationen.* Erzählungen und Novellen des 19. Jahrhunderts. Band 1, Reclam Literaturstudium, Stuttgart 1988, S. 339–376

3.7 Interpretationsansätze

INTENTION	AUS DEM LEBEN EINES TAUGENICHTS ALS ...
Der Autor setzt auf Stimmung, wobei die Grenze zwischen Wirklichkeit und Poesie verschwimmt.	1. Glücksmärchen (Benno von Wiese).
Der Autor führt den Leser hinters Licht, indem er ihn die Welt experimentell durch den Taugenichts erleben lässt.	2. Musterbeispiel ironischen Erzählens (Dirk Rodewald).
Der Autor webt ein Stück Epochengeschichte.	3. romantische Programmnovelle (Ansgar Hillach).

Der *Taugenichts* als Glücksmärchen

Benno von Wiese hat eine ausführliche Interpretation zu Eichendorffs Novelle *Aus dem Leben eines Taugenichts* vorgelegt.[14] Für ihn ist der *Taugenichts* keine Problemdichtung, sondern vor allem durch die Stimmung charakterisiert, durch ihre Nähe zur Musik und Lyrik. Nur von der Seele aus wird die Bedeutung der Welt gesehen. „Alles ist unbestimmt, fast wie im Traum, aber zugleich rührend wahr und schlicht und auf naive Weise innig." (Wiese, S. 80) Es handelt sich um eine typische Ich-Erzählung eines Erzählers mit dem „ewigen Sonntag im Gemüte". Der Reiz liegt nicht in der Verwechslung und Verwirrung, sondern im Atmosphärischen. Durch zarte Ironie und liebevollen Humor beglückt die Erzählung ihre Leser (Wiese, S. 81). Es handelt sich um ein märchenhaftes Geschehen, um märchenhafte Stationen, aber anders als im Märchen geschieht alles auf natürliche Weise. Der Taugenichts ist einer der reinen Toren, die sich zwar in der Welt nicht zurechtfinden

Stimmung als Charakteristikum

Märchencharakter

---

14 Benno von Wiese: *Die deutsche Novelle von Goethe bis Kafka*. Interpretationen. Düsseldorf 1956, S. 79–96

3.7 Interpretationsansätze

können, denen aber alles zu ihren Gunsten ausschlägt, ein Glückskind, das Gott, der Dichter und die Leser lieben. Sein Attribut ist
die Geige; er ist Künstler, darin liegt sein poetisches Verhältnis zur
Welt begründet.

Glückskind
Taugenichts

Sein Leben vollzieht sich in der reinen Gegenwärtigkeit, nicht
auf Zukunft und Ziel ausgerichtet. „Reinheit der Seele, Kindlich-
keit, Torheit und poetische Teilhabe an der Welt sind miteinander
identisch." (Wiese, S. 84)

Dabei ist der Taugenichts eine leise ironisierte Gestalt, seine
Täuschungen geschehen aus Illusionen. Die Ironie entwertet sie
nicht, weil **er** selbst sie verwendet. Sie bleibt ein „leise verhalte-
nes Lächeln" des Dichters über „das Närrische" und sichert dem
Glücksmärchen den Raum in der Wirklichkeit.

Ironie

In der Wanderschaft stoßen Glücksverlangen und die Gefahr
des Sich-Verlierens aufeinander. Die Spannung von Heimat und
Ferne bestimmt den Aufbau der Erzählung. Die schöne Frau erscheint geheimnisvoll fern in der Heimat und geheimnisvoll nah
im „falschen Italien". Aus dem Gegensatz resultiert zuweilen eine
große Traurigkeit, die immer dann auftritt, wenn sich der Taugenichts ohne Beziehung zur Welt fühlt. Doch selbst die Schwermut
wird poetisch erlebt. Fundamental ist der Einklang der Seele mit
der Natur. Aus dem Kontrast von Wirklichkeit und Poesie erwächst
der Humor. Zu Gunsten der Poesie wird der Kontrast immer wieder beseitigt. Insgesamt ist der *Taugenichts* ein Märchen. Das Novellistische liegt in der Konfusion.

Spannung von
Heimat und Ferne

Kontrast von
Wirklichkeit und
Poesie

Märchenheld ist der Taugenichts, weil er das Poetische als real
und das Fantastische als wirklich nimmt, den Gegensatz zwischen
Wirklichkeit und romanhafter Welt (Fiktion) kennt er nicht. Auch

die Liebe ist poetisch überhöht. Die schöne Frau ist Inbegriff des Schönen schlechthin. Der Raum der Liebe ist der Garten, das Paradies. Aus der Gefahr der Entwurzelung in Italien (Verführung durch die italienische Gräfin) kehrt er zu seinem Ursprung in den Garten zurück.

Die Erzählung ist ein Glücksmärchen in Gestalt einer novellistischen Erzählung. Die natürliche Kausalität wird niemals durch Wunderkausalität durchbrochen.

Der *Taugenichts* als Musterbeispiel ironischen Erzählens

Philologisch anspruchsvoll setzt sich Dierk Rodewald mit dem *Taugenichts*[15] auseinander. Er beschäftigt sich mit der Ich-Erzählung, deren naive Erzählposition er anzweifelt. Vielmehr sieht er hinter dem Erzähl-Ich den Autor, der durch den Taugenichts hindurch stets präsent ist und miterzählt. Rodewald macht seine Thesen jeweils an Textstellen fest. Schon der Titel lässt für ihn keinen Zweifel daran, dass der Held ein Taugenichts ist. Er sei ironisch gemeint, nicht im Sinne stilistischer, sondern struktureller Ironie. Dass die Auflösung der Konfusion für den Taugenichts ebenso wie für den Leser erst im letzten Kapitel erfolgt, bedeute neben der Funktion der Spannungserhaltung auch, dass der Leser gefoppt werde. Der Vater nennt seinen Sohn einen Taugenichts. Indem der Sohn die Rolle annimmt und märchenhaft umfunktioniert, beginnt ein Experiment, das im Nachfolgenden eingelöst wird. Die Experimentalsituation des Anfangs findet ihre Entsprechung im „Sermon" des Herrn Leonhard, wo der Taugenichts ausdrücklich als Mitspieler in einem Roman bezeichnet wird (HL S. 77, Z. 41 f./R S. 97, Z. 20). Sein Aufbruch in die Welt war daher ein literarisches Unterneh-

---

15 Dierk Rodewald: *Der Taugenichts und das Erzählen*. In: Zeitschrift für deutsche Philologie 92, 1973, S. 231–259

men. Das Ich ist also eine Charaktermaske im Sinne von personam, durch das Ich wird hindurcherzählt. Dabei ist die typische Erfahrensweise des Taugenichts „Nichtwissen, wie ihm geschieht", trotz des „Nachsinnens", „Philosophierens" und „Meditierens" in vielen Situationen. Sein Denken erschöpft sich im Reihen von Lebensweisheiten in Form von Sprichwörtern und Redensarten und in der Konstruktion falscher Kombinationen. Schwierige Situationen werden durch Schlafen überbrückt. Er passt sich an die Situationen an, hinterfragt sie auch dann nicht, wenn sie ihm unverständlich sind. Der Leser befindet sich in der gleichen Situation. Wollte er aber Aufklärung für sich selbst, so wäre er beim Vorgang des Lesens nur auf Indizien angewiesen. Die Handlung liegt hinter dem Erzählten. Sie bleibt auch für den Leser bis zum zehnten Kapitel verborgen. Das Erzähler-Ich hat kein Wissen über ein Davor und Danach. Es ist eingebunden in das Motiv des weltfremden, bald fröhlichen, bald traurigen Narren, der im Falschen das Richtige bestätigt sieht. Er bleibt der Narr, ohne Überblick über das, was er als Quasi-Erzähler darbietet. Von daher ist er eine gelenkte Figur. Es vollzieht sich an ihm keine Wandlung, was als wesentliches Element der strukturellen Ironie gilt. Auf Grund der Konstruktivität des Textes kann die Auflösung mit wenigen Worten erfolgen. Der Schlusssatz kehrt zum Titel zurück, indem er den Leser durch den Gebrauch des Präteritums **„war** alles gut!" darauf hinweist, dass es sich nur um eine Phase im Leben gehandelt hat, eine beachtenswerte Variante zur märchentypischen Formel, die das Glück durch ein „noch heute" in die Gegenwart hinein verlängert. Daher handelt es sich um eine idyllische Utopie.

Taugenichts als gelenkter Narr

Idyllische Utopie

Der *Taugenichts* als romantische Programmnovelle

Eine Interpretation neueren Datums legt Ansgar Hillach[16] 1993 vor. Die wesentlichen Gedanken sollen hier referierend vorgetragen werden. Hillach sieht die im *Taugenichts* enthaltene Symbolik vor dem Hintergrund der Lebenserfahrungen Eichendorffs. Wahrheit und Wirklichkeit wurden in den Manifestationen des geschichtlichen Lebens der Völker gesucht, in ihrer Individualität, ihrer Poesie und ihren Mythen. Im katholischen Mittelalter erschien den Romantikern ein wieder erweckbares Inbild zu bestehen. Der Verfasser aber senkt der Novelle auch die Melancholie darüber ein, dass der Zeit der romantischen Aufschwünge durch die geschichtliche Entwicklung der Lebensgrund eigentlich entzogen ist. Hillach betont, dass die Bewegung, die der Novelle gleich zu Anfang eigen ist, zwar mitreißt, doch die Landschaft ist schematisiert, sie ist keine Schilderung im Sinne episodischer Fülle, sondern Teil der Handlung. Sie wird strukturiert von einem beschränkten Bildvorrat (Berge, Schlösser, klare blaue Luft, Himmel, Wolken, Lerchen) und von rhythmischer Bewegung. Die tatsächliche Bewegung des Reisewagens wird Abbild der inneren Bewegung des Taugenichts. Hillach führt an, dass die Bewegung in die Weite kosmisch zu verstehen ist. Die Mitte des Tages ist seit alters her als Ort der Schwerkraft angesehen worden. Bei Eichendorff und im *Taugenichts* ist sie Kontrapunkt zum aus dem Morgen geborenen Aufbruch. Der Taugenichts reagiert auf den Mittag, indem er einschläft. Sein Erwachen versetzt ihn in eine neue Umgebung. Als Märchenheld erlebt er Wunder auf Wunder, oder auch nur Wunderliches, wie im Bergschloss. Der Blick des Taugenichts macht

Schematisierte Landschaftsdarstellung

Beschränkter Bildvorrat

Bewegung kosmischer Art

---

16 Ansgar Hillach: *Aufbruch als novellistisches Ereignis*. Joseph von Eichendorff: Aus dem Leben eines Taugenichts. (1826) In: Winfried Freund (Hrsg.) Deutsche Novellen. UTB Fink, München 1993, S. 73–83

| 4 REZEPTIONS-GESCHICHTE | 5 MATERIALIEN | 6 PRÜFUNGS-AUFGABEN |

3.7 Interpretationsansätze

die Vorgänge verwunderlich und absonderlich. „So entsteht ein vergnügliches Stück Satire über die Lebensform einer hochfeinen Gesellschaftsschicht von Adligen, Schranzen und Bediensteten, die sich seit der Französischen Revolution eigentlich auch in deutschen Landen überlebt hatte."[17] Wichtig für den Taugenichts ist das Erwecken erotischer Gefühle. Die einmal geweckte Sehnsucht übersteigt das Liebesziel. Evoziert werden die heilige Jungfrau und die Himmelskönigin. Wenngleich der Taugenichts der Gefahr, sich zum Philister zu degradieren, nicht erliegt, so wird er doch in seiner heftigen Reaktion auf alles Philiströse gegenüber dem Portier in ein ironisches Licht getaucht. Hier ergibt sich eine Ähnlichkeit zu Miguel Cervantes' *Don Quijote*, dem verspäteten Ritter, der durch kein Scheitern von seiner fixen Idee abzubringen ist. Der Taugenichts ist eine Figur mit Brechungen. Er ist das kindlichste und märchenhafteste unter den Geschöpfen Eichendorffs. Das Aufbruchverhalten des Taugenichts entspringt nicht aus einem kontemplativen Verhalten der Figur, sondern aus einer dynamischen Haltung. Mit der Geige verbannt er Trübsinn und Ängste und wirkt in heitere Gesellschaften hinein. Alleinsein bedeutet ihm Gefahr, die ihm aus großer Stille der Natur oder eintönigem Rauschen, aus dem Ausgeschlossensein aus der Gesellschaft erwächst. Wohl fühlt sich der Taugenichts im aktiven Leben, im Licht und in der Offenheit. Er muss aus dem Walde, aus der Nacht herauskommen. (HL S. 30, Z. 13 ff./R S. 36, Z. 35 f.)

Italien, Ziel des erneuten Aufbruchs, zielt auf die Kunstutopie. Angespielt wird mit Guido Reni auf die Künstlergruppe der Nazarener. Des Taugenichts befreiendes Agieren wird in Rom angestiftet durch komische, missverstandene und hintergründige Verwicklungen. Die Begegnung mit der römischen Gräfin endlich

Ironie

Aufbruch als dynamische Haltung

— — —
17 Ebd., S. 78

3.7 Interpretationsansätze

stachelt seine Aufbruchstimmung erneut an. Der Reisevorgang wird zur Lebensreise, von der nur ein Ausschnitt erzählt wird. Sie ist im Hinblick auf die irdische Liebeserfahrung und ihre Verwirrungen doch nur ein „Poetenmantel, den jeder Phantast einmal in der kalten Welt umnimmt, um nach Arkadien auszuwandern" (HL S. 76, Z. 11–13/R S. 95, Z. 12–14). Hillach verweist hier auf die Rückkehr nach Wien als das Zentrum des Heiligen Römischen Reiches Deutscher Nation, geschichtlich zentral für die ideellen Gehalte romantischer Geschichtsauffassung. Dass die Zuordnung zu einer Gattung nicht eindeutig gelingen kann, ist romantisches Programm. „Novelle" ist im *Taugenichts* laut Ansgar Hillach das, was im Versroman des Mittelalters durch „aventiure" bezeichnet wird. Ein Lebensweg ist zu erkennen, „dicht gewirkt und in der Balance gehalten zwischen Staunen und Ironie."[18]

Gattungszuordnung bewusst nicht eindeutig

18 Ebd., S. 83

| 4 REZEPTIONS-GESCHICHTE | 5 MATERIALIEN | 6 PRÜFUNGS-AUFGABEN |

4. REZEPTIONSGESCHICHTE

ZUSAMMEN-FASSUNG

Die Rezeptionsgeschichte des *Taugenichts* ist sehr umfangreich. Daher werden im nachfolgenden Kapitel Stimmen zu folgenden Schwerpunkten gehört:

1. Stimmen anerkannter Dichter
2. Stimmen von Kritikern
3. Stimmen von Literaturwissenschaftlern, unter Berücksichtigung der NS-Zeit
4. Adaptionen des *Taugenichts* (Umsetzungen in andere Gattungen, Ballett, Film)
5. Literarische Bearbeitungen des *Taugenichts*

Stimmen anerkannter Dichter

Theodor Fontane äußert sich in einem Brief an Paul Heyse vom 6. Januar 1857 zum *Taugenichts*. Er hält ihn „nicht mehr und nicht weniger als eine Verkörperung des deutschen Gemüts, die liebenswürdige Type nicht eines Standes bloß, sondern einer ganzen Nation". Thomas Mann apostrophiert ihn in seinen *Betrachtungen eines Unpolitischen* „exemplarisch deutsch [...] in seiner Anspruchslosigkeit rührendes und erheiterndes Symbol reiner Menschlichkeit"[19] und Ferdinand Freiligrath schickt die Novelle am 22. Mai 1840 an seine spätere Frau Ida Melos mit den begleitenden Worten: „Das ist rechte Strolcherei. Sie müssen die Geschichte in der ersten freien Stunde lesen, und werden sich durch die feierlichste Heiterkeit und das nobelste Lachen belohnt finden, in die Sie je durch

„Verkörperung deutschen Gemüts"

„Symbol reiner Menschlichkeit"

---

19 Thomas Mann: *Betrachtungen eines Unpolitischen*. In: Gesammelte Werke. Frankfurt 1960, Bd. 12, S. 381 f.

Lektüre hineingekommen sind."[20] Selbst Kritiker der romantischen Bewegung, Theodor Echtermeyer und Arnold Runge, nennen den *Taugenichts* „liebenswürdig".

> „Es ist die eingefleischte Poesie, aber nicht die wahre Poesie [...] die Poesie der genialen Willkür, die sich nicht weiß, die sich nach Belieben gehen lässt, in der Welt ohne weiteres herumschlendert und überall nicht herauskommt aus dem tierischen Instinkt der borniertesten Naivität."[21]

Das positive, humorig erheiternde Urteil von Willibald Alexis finden Sie in den Materialien (Kapitel 5) vor.

Stimmen von Kritikern
Wolfgang Menzel kritisiert unmittelbar nach dem Erscheinen im *Literatur-Blatt* den *Taugenichts* 1826 mit scharfen Worten:

„langweilige Rührung"

> „Man erwartet etwas Komisches und findet nur langweilige Rührung. Der ‚Taugenichts' taugt gar nichts, und hat nicht einen Fetzen von jener göttlichen Bettelhaftigkeit der Tagediebe bei Shakespeare und Cervantes, es fehlt ihm alles, was man Humor nennt. [...] Es sind jugendliche Herzensergießungen von der gewöhnlichen Art, voll Saft, aber ohne Kraft."[22]

→ 1859 äußert derselbe sich erheblich versöhnlicher zu dem Text, an dem er aber weiterhin gestalterische Mängel findet. Er schreibt u. a.:

---

20 Zitiert nach Eichendorff, *HKA XVIII/1*, S. 527
21 Wigands *Conversations Lexikon* 184, 9. Lieferung, April 1840
22 Zitiert nach Eichendorff, *HKA XVIII/2*, S. 137

4 REZEPTIONS- GESCHICHTE	5 MATERIALIEN	6 PRÜFUNGS- AUFGABEN

„Der Taugenichts ist ein armer Junge, der mit einer Geige singend in die Welt hinausgeht und von zwei Damen hinten auf
dem Wagen mitgenommen wird, weil sein Gesang und Spiel
sie ergötzt. [...] Das Ganze läuft auf eine romantische Mystifika-
tion hinaus, die gar anmutig durchgeführt ist. [...] Auch ist der
Dichter etwas nachlässig gewesen, indem beim Abschied des
Taugenichts noch Schnee vom Dache schmilzt und er an dem-
selben Tage noch durch wogende Kornfelder wandert."[23]

> „etwas
> nachlässig"

Stimmen von Literaturwissenschaftlern,
unter Berücksichtigung der NS-Zeit

Die Literaturwissenschaft hält zwischen den beiden Weltkriegen an
der Identifikation Eichendorffs und seines Helden mit dem „deutschen Wesen" fest. Im Vorwort wurde auf den Eichendorff-Her-
ausgeber Wilhelm Kosch und seine Anschauung verwiesen. 1932
nannte auch Benno von Wiese in einer Rede[24] den *Taugenichts*
feinfühlig poetisch und diese Eigenschaften erschienen ihm „restlos deutsch". Das Alltägliche wird in Poesie verwandelt, von kaum
einem deutschen Dichter ließe sich sagen, dass er „so ganz Gemüt,
stilles, liebevolles Schauen gewesen" wie Eichendorff, kaum einer,
der so restlos deutscher Dichter gewesen und nur verstehbar unter
deutschen Voraussetzungen.

> „restlos deutsch"

Wenn in der NS-Zeit der *Taugenichts* als Leitbild für die Ideolo-
gie des „deutschen Menschen" stilisiert wurde, so musste auf ihn,
den poetischen Müßiggänger, schöpferisches Streben projiziert
werden. Dies versucht Walter Hildebrandt.[25] Auf den *Taugenichts*

---

23 Ebd. S. 1274 f.
24 Benno von Wiese: *Rede über Eichendorff*. In: Zeitschrift für deutsche Bildung 9 (1933), S. 71 f.
25 Walter Hildebrandt: *Eichendorff. Tragik und Lebenskampf in Schicksal und Werk*. Diss.
    Danzig 1937

wird allerdings wenig Bezug genommen, dafür wird das deutsche Sendungsbewusstsein Eichendorffs als Vermächtnis für die Gegenwart gefeiert. Hildebrandt hebt hervor, dass diejenigen, die den Müßiggang zum Daseinsprinzip des Taugenichts erhoben hätten,[26] irrten. Der Taugenichts wird als Gegentyp des Philisters, nicht aber des Pflichtmenschen gesehen. „Jeder Pflichtmensch", das sei die Botschaft Eichendorffs, „soll in seinem Herzen auch Raum haben für diese innere Freiheit und für diesen weltweiten Horizont des Sehnsuchtmenschen, weil er sonst dazu verurteilt wäre, seelisch zu verdorren."[27]

Die Nachkriegsgermanisten haben sich seither um ein differenziertes Eichendorffbild und um eine vielschichtige *Taugenichts*interpretation gekümmert. Zu ihnen gehören Richard Alewyn, Oskar Seidlin, Jost Hermand, Benno von Wiese, Eberhard Lämmert und in neuester Zeit Alexander von Bormann, Wolfgang Paulsen, Ansgar Hillach und nicht zuletzt Günther Schiwy, der 2000 bei C. H. Beck eine Eichendorff-Biografie mit neuen Aspekten des Lebens und des Werkes vorgelegt hat.

Adaptionen des *Taugenichts*

Ballettentwurf

Hugo von Hofmannsthal hat zum *Taugenichts* einen Ballettentwurf verfasst. Im Juli 1910 hatte er den *Taugenichts* gelesen und in die *Deutschen Erzähler* aufgenommen.[28]

Verfilmungen

→ Insgesamt sind drei Verfilmungen zum *Taugenichts* entstanden. 1922 ein deutscher Stummfilm, in dem nur die komischen Verwicklungen an Eichendorff erinnern, die neue Figur eines Zauberers wird hinzu erfunden. Das Filmpublikum hat

───

26 Genannt werden die Literarhistoriker Minor, Kluckhohn und von Grolmann.
27 Walter Hildebrandt, *Eichendorff*. Diss. Danzig 1937, S. 46 f.
28 Hugo von Hofmannsthal: *Taugenichts*. In: Rudolf Hirsch: Zu Zwei Tanzdichtungen Hofmannsthals. Hofmannsthal Blätter (1971), S. 418–420 (Text der erhaltenen Blätter)

| 4 REZEPTIONS-GESCHICHTE | 5 MATERIALIEN | 6 PRÜFUNGS-AUFGABEN |

damals den Stummfilm-Klamauk laut Bericht der *Illustrierten Filmwoche* (Nr. 36, 1922) positiv aufgenommen.

1972/73 entstand in der ehemaligen DDR eine Verfilmung. Die Titelrolle spielte der amerikanische Schauspieler und Sänger Dean Reed. Die Kritik betonte die Schwierigkeit des DDR-Sozialismus mit dem unpolitischen, musischen Helden.[29]

1977 entstand in der Bundesrepublik ein Film unter der Regie von Berhard Sinkel. Da der Film in der Studentenbewegung konzipiert wurde, trägt er deutlich ihre Züge. Als er nach dem Mord an Hanns Martin Schleyer durch die RAF in die Kinos kam, musste sich der Zuschauer von den Chiffren und Anspielungen unangenehm berührt fühlen.

Die Filme können für den Umgang mit dem Text heute nicht mehr weiterhelfen.

Literarische Bearbeitungen des *Taugenichts*

Hermann Hesse hat mit seinem *Peter Camenzind* (1904) und *Knulp* (1925) Vagabundenliteratur geschaffen, die dem Lebenspathos des *Taugenichts* ähneln. In diese Reihe gehören auch Manfred Hausmanns *Lampioon küsst Mädchen und kleine Birken* (1928), Gerhard Hauptmanns *Der Narr in Christo Emanuel Quint* (1910) und Klabunds *Bracke* (1918). Kunst und Kitsch haben sich der Figur immer neu bemächtigt, und Protestbewegungen wie die Bohème des 19. und die Flower-People des 20. Jahrhunderts bringen mit dem *Taugenichts* die Sehnsucht nach echterem Menschentum zum Ausdruck. Sie sind unter der Marke „romantisch-utopischer Antikapitalismus" in die Geschichte eingegangen.[30] Ein vergleichendes Urteil zum *Taugenichts* wird der Leser selbst finden müssen.

Vagabunden-literatur

---

29 Rulo Melchert: *Eine Lanze für die Romantik?* In: Junge Welt, 15. Mai 1973
30 Vgl. Jost Hermand: *Der ‚neuromantische' Seelenvagabund.* In: Wolfgang Paulsen (Hrsg.):
    Das Nachleben der Romantik in der modernen deutschen Literatur. Heidelberg 1969, S. 95–99,
    112–115

5. MATERIALIEN

Um einen Eindruck davon zu gewinnen, wie die zeitgenössische Kritik den *Taugenichts* aufgenommen hat, werden hier zwei Kritiken festgehalten. Die erste stammt von Willibald Alexis (1798–1870), einem einflussreichen Kritiker. Er erklärt den Taugenichts zum Österreicher und schreibt in den *Blättern für literarische Unterhaltung* vom 29. Juli 1826[31]:

„Wer einmal Lust empfindet, ein ewiges Sonntagsleben lesend mitzugenießen, der vergnüge sich bei dieser von Frühlingslust durchhauchten Novelle. Von ‚Sorgen, Last und Not um Brot' ist darin keine Spur zu treffen; es ist die Schilderung eines Schlaraffenlandes und -Lebens, und doch ist das Land geografisch ein sehr wohl bekanntes, voll Plackereien, Prellereien und Nöten aller Art für Reisende und Einwohner, und Menschen sind wirkliche Menschen, wie sie uns wohl begegnen mögen. Einen solchen Zustand, in den Künstler und Dichter sich nur zu häufig aus den Drangsalen um sie versetzt wünschen, ihn aber selten anders als im Lande der Fantasie antreffen, hat der Dichter hier verstanden, aus Materialien zu erbauen, die ganz aus diesem bedrängten Erdenleben entnommen sind. Dies war der Probestein des wahren Dichters. Den Vorwurf des Unwahrscheinlichen im Einzelnen kann der Autor, wo innere Wahrheit jeder Erscheinung zum Grunde liegt, leicht von sich wehren. Uns, in Norddeutschland, dünkt eine solche Glückseligkeit ohne Arbeit zwar unbegreiflich; hier würde eine strenge Kritik den Taugenichts ins Arbeitshaus treiben; warum wollen wir aber unsere Ansicht überall mit hinüberbringen? Wir können uns doch auch einmal in einem solchen sorglosen gemütlichen Leben

---

31   Zitiert nach *HKA XVIII/1*, S. 131

freuen, zumal wenn es, so durch und durch harmlos, nur die liebenswürdige Seite des menschlichen Charakters hervorhebt. Der Held konnte daher auch nur ein Österreicher sein. Fröhliches Blut, Liebe und Wein, ein heiterer, nirgends zu tief eindringender, aber auch vermöge des Gemüts nicht bei der bloßen Oberfläche der Erscheinung flüchtig und absprechend vorübereilender Sinn, und originelle Auffassung der Wunderdinge, die ihm in der Welt begegnen, charakterisieren ihn zum Teil auch wohl den Dichter mit."

Clemens Brentano (1778–1842), Dichter der Romantik hat sich mit dem Philister auseinandergesetzt.[32] Unter dem Titel *Schilderung eines Musterphilisters, welcher sich zuletzt in eine ganze Musterkarte von Philistern aufrollt,* schreibt er u. a.:

„Wenn der Philister morgens aus seinem traumlosen Schlafe wie ein ertrunkener Leichnam aus dem Wasser herauftaucht, so probiert er sachte mit seinen Gliedmaßen herum, ob sie auch noch alle zugegen: Hierauf bleibt er ruhig liegen, und dem anpochenden Bringer des Wochenblatts ruft er zu, er solle es in der Küche abgeben, denn er liege jetzt im ersten Schweiß und könne, ohne ein Wagehals zu sein, nicht aufsteh'n; sodann denkt er daran, der Welt nützlich zu sein. [...] Seine weiße baumwollne Schlafmütze, zu welchen diese Ungeheuer große Liebe tragen, sitzt unverrückt, denn ein Philister rührt sich nicht im Schlaf. [...] Auf die Haut selbst kommt er sich nie; sodann geht es an [...] irgendeine absonderliche Art sich zu waschen, nach einer fixen Idee, kalt oder warm sei gesund; sodann kaut er Wacholderbeeren, während er an das gelbe Fieber denkt; oder er hält seinen Kindern eine Abhandlung vom

---

32 Clemens Brentano: *Der Philister vor, in und nach der Geschichte. Scherzhafte Abhandlung.* In: Clemens Brentano, Werke 2, Studienausgabe Hanser, München, 2. Aufl. 1973, S. 959–1003

Gebet und sagt, wenn er sie zur Schule geschickt, zu seiner Frau: ‚Man muss den äußeren Schein beobachten, das erhält einem den Kredit, sie werden früh genug den Aberglauben einsehen.' Sodann raucht er Tabak, [...] im Ganzen ist der Rauchtabak den Philistern unendlich lieb, sie sagen sehr gern, er halte ihnen den Leib gelinde offen, und sie könnten bei dem Zug der Rauchwolken Betrachtungen über die Vergänglichkeit anstellen; so hängt die Pfeife eng mit ihrer Philosophie zusammen. Sie nennen die Natur, was ihren Gesichtskreis oder vielmehr in ihr Gesichtsviereck fällt, denn sie begreifen nur viereckige Sachen, alles andere ist widernatürlich und Schwärmerei. Eine schöne Gegend, sagen sie, lauter Chaussee! [...] Sie glauben. Mit der Welt sei es eigentlich aus, weil es mit ihnen nie angegangen. [...] Sie gratulieren sich einander, in einer Zeit geboren zu sein, worin so vortreffliche Leute wie sie leben [...]. Wenn sie sich schnäuzen, trompeten sie ungemein mit der Nase. Alle Begeisterten nennen sie verrückte Schwärmer, alle Märtyrer Narren, und können nicht begreifen, warum der Herr für unsere Sünden gestorben und nicht lieber zu Apolda[33] eine kleine nützliche Mützenfabrik angelegt. [...] Ihr höchster Plan, ein Land zu beglücken, ist, es in ein rein gewürfeltes Damenbrett zu verwandeln; es ist so leichter ins Kleine zu reduzieren. [...] Damit aber ja keiner Lust kriege, die Flüsse zu ihrem Quell oder ihrem Ausfluss an oder ab zu geleiten, steht eine Tafel an allen Brücken, worauf ihr geografischer Lauf kürzlich beschrieben ist. [...] Nie sind sie berauscht gewesen, ohne zu trinken, und dann immer sehr besoffen. Sie können kein ursprüngliches Dichterwerk begreifen, verspotten und parodieren es und schreiben dann doch wässerige Nachahmungen. [...] Von einer unendlichen, gleichzeitigen ewigen

---

33 Stadt in Thüringen

| 4 REZEPTIONS-GESCHICHTE | 5 MATERIALIEN | 6 PRÜFUNGS-AUFGABEN |

Bewegung des Erkennens und seiner Heiligkeit haben sie keine
Idee. [...]"

Man unterscheidet in der Romantik drei Phasen: die frühroman-
tische Phase, die mittlere oder auch Heidelberger Romantik bis
1815 und die Spätromantik bis 1830[34]. Winfried Freund fasst die
Mentalität der Epoche folgendermaßen zusammen:

„Flucht in die Unendlichkeit
Die zumeist in den 70iger Jahren des 18. Jahrhunderts geborenen Romantiker erlebten die 1789 einsetzende Französische Revolution bereits in jungen Jahren als Aufbruch und Sackgasse, als
liberale Verheißung und angesichts des blutigen Terrors als Ent-
täuschung.
    Desillusioniert von der zunächst begrüßten geschichtlichen
Umwälzung, die in die Militärdiktatur Napoleons mündete, wand-
ten sie sich ab von der realgeschichtlichen Szene. Vollendung
konnte für sie im Unterschied zum klassischen Idealismus nicht
länger in der endlichen Wirklichkeit erreicht werden, sondern allein in einer poetisch imaginierten, unendlichen Welt, in der die
realgeschichtlichen Bedingungen ihre Gültigkeit verloren und die
Enge der Verhältnisse überwunden war in der Weite der Fantasie.
Die Sehnsucht öffnete die eingeschränkten und einschränkenden
Gesellschafts- und Geschichtsräume. In der Perspektive der Träume und Ahnungen gewann das Reich des Uneingeschränkten,
Unbedingten Gestalt. Die Romantik überwand sowohl die ratio-
nalistischen Verengungen der Aufklärung als auch die ständischen
Begrenzungen des Absolutismus sowie die Hierarchisierung
der Geschlechter, indem sie den Menschen als eine sich unend-

—— ——

34 Vgl. Winfried Freund: *Deutsche Literatur*. Schnellkurs Dumont, Köln 2000, S. 98–99

lich entwickelnde Ganzheit verstand. Zugänglich war das Ganze nicht der Vernunft und der Kultur der Herrschenden, sondern der poetischen Fantasie und dem Volk, dessen Dichtungen das Ursprüngliche bewahrt hatten und dem auf das Ganze gerichteten weiblichen Bewusstsein. Nicht das endliche Sein, sondern das unendliche Werden bildete den Kern romantischer Orientierung. Daher spielten Liebe und Tod, Überschreitung und Auflösung der engen persönlichen Grenzen eine zentrale Rolle. Zugleich hatten das Chaos der Revolution, die Entfesselung politischer Aggressivität den Romantikern die Augen geöffnet für die Nachtseiten der Natur, für das Grauen vor dem menschlich Abgründigen. Fantasie und Fantastik, Hoffnung auf Entrückung ins Unendliche und Angst vor der Verstrickung im Endlichen prägten die Ambivalenz romantischen Bewusstseins."

6. PRÜFUNGSAUFGABEN MIT MUSTERLÖSUNGEN

Unter www.königserläuterungen.de/download finden Sie im Internet zwei weitere Aufgaben mit Musterlösungen.

Die Zahl der Sternchen bezeichnet das Anforderungsniveau der jeweiligen Aufgabe.

Aufgabe 1 *
Der Taugenichts – eine romantische Figur

Erarbeiten Sie das romantische Profil des Helden in Eichendorffs Erzählung.

Mögliche Lösung in knapper Fassung:
Eichendorffs Taugenichts ist der Prototyp des romantischen Menschen. Seine Namenlosigkeit verweist programmatisch auf seine typische Bedeutsamkeit. Entscheidend ist weniger seine Individualität als seine modellhafte Statur.

Eingebunden in den Mühlenbetrieb des Vaters scheint er zunächst aufzugehen im normalen bürgerlichen Arbeits- und Alltagsleben. Auffällig aber ist von Anfang an sein persönlicher innerer Widerstand gegen die Eintönigkeit der immer gleichen Lebensabläufe, gegen ein Lebensmuster, das weder zwecklose Lebensfreude noch Phantasie zulässt. Früh erwacht in ihm das Verlangen, aufzubrechen aus der Welt des Ewiggleichen und einzutauchen in das bunte abwechslungsreiche Dasein.

BESCHREIBUNG/ CHARAKTERISIERUNG

Romantisches Lebensgefühl ist grenzüberschreitend. Die Einschränkung auf einengende Lebensverhältnisse verhindert die

ROMANTISCHES PROFIL

Entfaltung menschlicher Möglichkeiten. Nur indem der Mensch aufbricht, ergreift er die Chance, Zugang zu finden zu seinem inneren Reichtum, dessen Medium beim Taugenichts die Geige und die Lieder sind, die aus ihm herausströmen und die Wirklichkeit poetisch überhöhen. Stets aber droht die Wirklichkeit ihn einzuholen und ihn festzusetzen.

Als Zolleinnehmer im Schloss verbringt er seine Tage im Schlafrock auf der Bank. Aber dem alltäglichen zweckgebundenen Leben setzt er schon bald seine Neigung zum Schönen und Zwecklosen entgegen, indem er an Stelle von Kartoffeln Blumen in seinem Garten anbaut.

Schließlich lässt er das Leben im Schloss, das ihn einengt und ihm sinnlos erscheint, hinter sich und bricht nach Italien, ins Sehnsuchtsland auf.

Wieder setzt sich das Verlangen nach Ausweitung und Entgrenzung gegen das begrenzte bürgerliche Dasein durch. Auf dem Bock neben dem Postillon in der Kutsche genießt er die Landschaft der Lombardei, die jedoch eigentümlich konturlos bleibt und nur durch ihre zeitlose Schönheit besticht. Entscheidend sind nicht die Ziele der Fahrt, sondern der Weg und das Unterwegssein selbst. Nichts hält den Taugenichts auf seiner Reise fest. In rascher Folge wechseln Eindrücke und Bilder und vermitteln das Gefühl unendlicher Ungebundenheit.

Das Schloss in den Bergen markiert ein vorübergehendes Ende der Fahrt. Dort kommt er in den kurzfristigen Genuss eines aufwendigen, bequemen Lebens, bevor er, verfolgt durch seine Gastgeber, durch einen Sprung ins Freie flieht, seine Verfolger abschüttelt und seinen Weg fortsetzt, bis er nach Rom gelangt. Das Leben des Taugenichts vollzieht sich in ständigen Aufbrüchen. In ihnen erfüllt sich seine romantische Bestimmung. Rom selbst gewinnt keine eigene Gestalt. Brunnen, schöne Gärten und Weinberge fü-

| 4 REZEPTIONS-GESCHICHTE | 5 MATERIALIEN | 6 PRÜFUNGS-AUFGABEN |

gen sich zu einem floskelhaften Bild der ewigen Stadt. Flüchtig ziehen die einzelnen Eindrücke vorüber, ohne dass sie den Taugenichts in ihren Bann schlagen. Innerlich bleibt er unberührt. Was ihn erfüllt ist die Erinnerung an die Heimat, zu der er am Ende mit dem Schiff aufbricht. Zurückgekehrt wird er mit seiner schönen gnädigen Frau, die keine Gräfin, sondern die Nichte des Portiers ist, vermählt. Aber auch jetzt, angekommen in einem Schlösschen, sieht er sich nicht am Ende seiner Reise, sondern nimmt sich nach der Hochzeit erneut einen Aufbruch nach Italien vor, um dort die schönen Wasserkünste zu bewundern. Ein endgültiges Ziel gibt es für den Taugenichts nicht. Ankunft bedeutet immer zugleich auch erneuten Aufbruch.

Der Taugenichts ist die romantische Existenz schlechthin. Wichtiger als das Ziel ist der Weg. Bindungen und Grenzen überspielt er, um innerlich frei zu bleiben. Im Grunde seines Herzens ist er der künstlerische Mensch, der sich nicht vereinnahmen lässt und konsequent seinen Möglichkeiten folgt. Das Geigenspiel und die Lieder sind Ausdruck einer immer wieder neu entgrenzenden poetischen Ungebundenheit, die die Wirklichkeit ständig kreativ verändert.

Unter dem enttäuschenden Eindruck der im Sinne echter Freiheit gescheiterten Revolution und der repressiven Napoleonischen Militärdiktatur findet der romantische Mensch Trost und Zuversicht in den poetischen Entwürfen seiner subjektiven Anverwandlung der Welt. Stets gilt es, alle Grenzen hinter sich zu lassen, in den fortgesetzten Aufbrüchen. Künstlerische Leitvorstellung ist die zwecklose Schönheit, die sich in keinen hintergründigen Nutzen und keine vorgefassten Absichten einspannen lässt. Stets lösen die eingestreuten Gedichte und Lieder den Druck der nackten Wirklichkeit auf und verwandeln die Welt in Poesie.

| 1 SCHNELLÜBERSICHT | 2 JOSEPH V. EICHENDORFF: LEBEN UND WERK | 3 TEXTANALYSE UND -INTERPRETATION |

Aufgabe 2 *
Der Philister – Gegentyp zum romantischen Menschen

Nennen Sie Beispiele und stellen Sie typische Einstellungen und Verhaltensweisen dar.

Mögliche Lösung in knapper Fassung:
In der Literatur der Romantik kontrastieren immer wieder die geistige Welt der Poesie und der bürgerliche Alltag. In der poetischen Welt dominiert der Künstler, in der prosaisch alltäglichen der Philister.

TYPISCHE EIN-
STELLUNGEN UND
VERHALTENS-
WEISEN

Platter Rationalismus und phantasievolle Aufgeschlossenheit stehen sich unvereinbar gegenüber. Die philiströse Beschränkung auf die alltäglichen Erfordernisse stellt in hohem Grade eine Provokation an die Produktivität und an die schöpferische Spannung des Künstlers dar, die ihn immer wieder dazu antreibt, sich selbst zu behaupten und nicht im prosaischen Alltag zu versinken.

In Eichendorffs *Taugenichts* ist die Opposition von Philistertum und Künstlersein ein beherrschendes Thema. Schon der Titel ist ironisch. Aus der banalen Sicht des Philisters erscheint der wahrhaft romantische Mensch als einer, der nichts taugt, weil er nicht ins Philisterschema passt. Die ironische Distanzierung macht auf die unzulängliche Sichtweise aufmerksam und hebt sie zugleich auf.

BEISPIELE

Bereits der Vater des Taugenichts zeigt eine deutliche Philisterorientierung. Höchstes Ideal ist für ihn die alltägliche Arbeit. Sie allein bestimmt das Handeln des Menschen, weil es vor allem gilt, die materiellen Bedürfnisse zu befriedigen. Wer aber die in diesem Sinne nützliche Arbeit verweigert, ist untragbar und wird des Hauses verwiesen.

| 4 REZEPTIONS-GESCHICHTE | 5 MATERIALIEN | 6 PRÜFUNGS-AUFGABEN |

Der Taugenichts sucht das Weite, landet aber nach einer Kutschfahrt mit einer vornehmen Herrschaft in einem Schloss, wo er ganz in einem Philistermilieu aufzugehen droht. Zum Zolleinnehmer ernannt, schlüpft er in den Schlafrock und in die Pantoffeln seines Vorgängers und vergisst Tabak rauchend auf der Bank vor dem Zollhäuschen alle Aufbrüche und Reisen. Der völlige Verzicht auf äußere und innere Bewegung, das Verlöschen der Sehnsucht nach fernen Zielen, lässt aus dem Taugenichts einen Erzphilister werden, der die Geige an den Nagel gehängt hat, mit seiner engsten Umgebung eins wird und sich mit ihr identifiziert. Was ihm von seinen einst künstlerischen Antrieben geblieben ist, ist die Erinnerung an die zwecklose Schönheit. Sie lässt ihn die Gemüsebeete seines Vorgängers in einen Blumengarten verwandeln, eine Maßnahme, die der Portier des Schlosses, selbst ein überzeugter Philister, für die Tat eines Verrückten hält. Das Streben nach Schönheit bringt für ihn nichts im Alltag Verwertbares ein und ist in seinen Augen eine irrationale Verirrung. Das Einzige, was zählt, ist der vordergründige Nutzen.

Der Philister ist der extreme Gegenspieler des Künstlers. Nicht in poetischen Entwürfen, sondern ausschließlich im Alltag liegt sein eigenes Lebensglück. Das Leben des Taugenichts ist umstellt von philiströsen Angeboten.

Nachdem es ihm gelungen ist, Schloss und Zollhäuschen hinter sich zu lassen, gerät er in das Schloss in den Bergen, wo ihm alles präsentiert wird, was das Leben angenehm macht. Wieder sieht er sich eingesperrt in ein typisches Philisterdasein, das ihm persönlich nichts abverlangt, sondern ihn immer wieder auffordert nur zuzugreifen. Der Genuss der Annehmlichkeiten des Lebens scheint das höchste Ziel. Eigener Einsatz und Aktivität sind nicht gefragt. Gut erscheint, was nützlich ist und den platten materiellen Genuss fördert. Überall droht das Philisterdasein, mit seinen vordergründigen Versprechungen und Erfüllungen den Menschen zu vereinnahmen. Selbst der Aufenthalt in Rom öffnet keine neuen Perspektiven, sondern gibt das Bild einer großen Konfusion ab.

Zurück im Schloss bei Wien wird der Taugenichts noch einmal auf die Probe gestellt. Ein neuer Zolleinnehmer ist eingezogen und mit ihm das alte Philistertum. Aus dem Blumengarten ist wieder ein Kartoffelacker geworden. Der Philister also ist unausrottbar in seinem Beharren auf dem banalen Nutzen, der die Schönheit verdrängt. Der Taugenichts aber entgeht allen weiteren philisterhaften Versuchungen. Selbst das Schlösschen im Park, in dem der Taugenichts mit seiner jungen Frau wohnen soll, hält ihn nicht fern von dem Gedanken und Wunsch zu erneutem Aufbruch zu den schönen Wasserspielen in Rom. Am Ende ist das Philistertum als drohende existenzielle Gefahr von ihm nachhaltig überwunden.

Das Philistertum selbst aber bleibt in der Welt, weil es Teil eines bestimmten Menschentyps ist, der nur im romantischen Künstler überwunden wird, weniger als Realität denn als Ideal. Der romantische Mensch in Opposition zu untergeordneter Arbeit und plattem Nützlichkeitsdenken bekennt sich zur Schönheit um ihrer selbst willen und zu seiner Neigung zu Aufbrüchen ins Ungewisse, um sich im Unterwegssein zu verwirklichen, ist jedoch eine Utopie, ein geistiges Vermächtnis der Romantik.

4 REZEPTIONS-GESCHICHTE	5 MATERIALIEN	6 PRÜFUNGS-AUFGABEN

Aufgabe 3 **
Die Bedeutung der Liebe

Untersuchen Sie die Bedeutung der Liebe für die persönliche Entwicklung des Helden und für den Handlungsaufbau der Erzählung.

Mögliche Lösung in knapper Fassung:
Die Liebe ist ein zentrales Thema der Romantik. Dabei geht es weniger um Liebesabenteuer mit erotischer Erfüllung als um einen Prozess emotionaler Vertiefung. In der Liebe soll sich der polare Gegensatz der Geschlechter zur Synthese fügen. Als Einheit des geistigen, seelischen und sinnlichen Erlebens ergreift die Liebe den ganzen Menschen. Sie hilft Mann und Frau, sich aus der Halbheit zum ganzen Menschenbild innerlich zu ergänzen. Wo zwei eins werden, hebt sich die Grenze des Endlichen zwischen ihnen auf. Die Liebenden gehen ein in eine Existenz jenseits aller irdischen Beschränkungen. In der Liebe erfüllt sich für den Romantiker der Wunsch nach Rückkehr zur verloren gegangenen Ganzheit.

ANALYSE

Liebend erfährt der Taugenichts in Eichendorffs Erzählung sich selbst. Wechselnde Annäherungen und Entfernungen der Liebenden bestimmen den Erzählverlauf und den Aufbau des Geschehens. Bereits kurz nach seinem Aufbruch aus der väterlichen Mühle begegnet er in der Kutsche „seiner" schönen jungen Frau, die ihn auf den ersten Blick für sich einnimmt und die ihn fortan ganz erfüllt.

Im Gebüsch vor ihrem Schlafzimmer versucht er ihr nahe zu sein. Auch sie ist angetan von seinem Geigenspiel und seinen Liedern. Schon im ersten Kapitel kommt es zu vorsichtigen Annäherungen und gegenseitiger Aufmerksamkeit. Als er eine kleine Gesellschaft über den Teich ans andere Ufer rudert, erscheint ihm die schöne Frau wie ein Engel, der leise durch den Himmelgrund zieht. Auf diese Weise wird sie in seinen Gedanken in die Nähe der Gottesmutter als Himmelskönigin gerückt.

Der Gedanke an die schöne gnädige Frau bewegt den Taugenichts, zum Zolleinnehmer zu avancieren und dazu, den Kartoffelacker in einen Blumengarten zu verwandeln. Es macht ihn überaus glücklich, dass die Blumen, die er für sie gepflückt und in die Laube gelegt hat, abgeholt werden. Hocherfreut ist er, als er bemerkt, dass sie seine Blumen an die Brust geheftet hat. Auf dem Balkon am Abend erscheint sie ihm in ihrem weißen Kleid wie eine Lilie, das Symbol der Keuschheit. Da er sie aber für eine Gräfin hält, die bereits einem anderen versprochen ist, ergreift ihn erneut sein Fernweh und er bricht in Richtung Italien auf.

Doch die vermeintliche Gräfin bleibt ein wichtiger Inhalt seiner Gedanken und hält ihn auch zukünftig von erotischen Abenteuern fern, wie sie sich ihm beispielsweise im Dorf B. anbieten, als ihm ein schmuckes junges Mädchen für sein verzückendes Geigenspiel eine Stampe Wein reicht und ihm später eine Rose schenkt. Er überlegt, sie zur Braut zu machen, doch der Gedanke an die Mühle des Vaters und vor allem an das Schloss lassen ihn die Idee sogleich wieder verwerfen.

Im Schloss in den Bergen kommt es in seinen Vorstellungen zu einer erneuten Annäherung mit der schönen gnädigen Frau. Diesmal ist es ein Brief, der ihm dort überreicht wird, ohne Aufschrift zwar, aber mit Sicherheit von Aurelie, seiner schönen Frau. Vor allem die darin ausgesprochene Bitte, bald zurückzukehren, da es seit seinem Abschied so öde geworden sei, versichert ihm, dass auch Aurelie ihn liebt. Seither verfolgt er den Gedanken, in Rom auf sie zu treffen, erfährt aber von der Kammerjungfer, dass sie längst wieder heimgekehrt ist.

| 4 REZEPTIONS- | 5 MATERIALIEN | 6 PRÜFUNGS- |
| GESCHICHTE | | AUFGABEN |

Entschlossen verlässt der Taugenichts Rom, um Aurelie auf das Schloss bei Wien zu folgen. Auf dem Schiff auf der Donau erfährt er von der bevorstehenden Hochzeit der Gräfin mit ihrem Bräutigam, der aus Italien zurück sei, eine Nachricht, die der Taugenichts auf sich selbst bezieht. Bei seiner Ankunft im Schlossgarten klärt sich die Konfusion auf. Aurelie ist keine Gräfin, sondern die Nichte des Portiers, der sie als Waise mit ins Schloss gebracht hat. So steht der Heirat der beiden nichts mehr im Weg. Die Liebesgeschichte hat sich erfüllt. Nach Trennungen und Verwirrung können sich die Liebenden, ihrer Liebe sicher, endlich in die Arme schließen.

Die Erzählhandlung erscheint als Wechsel von Annäherungen und Trennungen, die sich immer intensiver auf den geliebten Menschen konzentrieren und die Erfüllung der Liebe als das eigentliche Erzählziel Gestalt werden lassen. Die Struktur wird zum Spiegel der Liebe der Geschlechter, in der sich der tiefste Sinn des Lebens erfüllt. Unausweichlich führt der Weg trotz größter Entfernungen immer wieder zurück zu dem Menschen, in dem man das höchste Glück des eigenen Daseins erkannt hat. Die Liebe ist der Endzweck der Weltgeschichte, das Amen des Universums. Als Eingehen in das All bedeutet sie die Erlösung des Menschen von sich selbst. Sie entsteht aus dem Wunsch, den Augenblicken innigster Verbindung Dauer zu verleihen jenseits aller Beschränkungen. Ort der Liebeserfüllung ist das weiße, im Mondschein glänzende Schloss im Park, fast unwirklich und doch das Ziel, zu dem alle Wege führen. Doch der idyllische Ort ist nicht Endpunkt, sondern Anlass zu erneutem Aufbruch nach den schönen Wasserkünsten Roms.

Romantische Liebe stellt kein beschauliches, insulares Glück dar, sondern öffnet Perspektiven in das Leben hinein, fordert neue Sehnsüchte heraus nach der Unendlichkeit des Daseins, dessen Geheimnisse sich in erfüllter Gemeinschaft mit dem geliebten Menschen umso inniger erschließen.

| 1 SCHNELLÜBERSICHT | 2 JOSEPH V. EICHENDORFF: LEBEN UND WERK | 3 TEXTANALYSE UND -INTERPRETATION |

Aufgabe 4 ***
Romantisches Mischen verschiedener Gattungen

Gehen Sie auf das Ineinander von Erzählprosa und lyrischen Gedichten ein und bestimmen Sie die Funktion der einzelnen literarischen Sprechweisen im Hinblick auf ihr Zusammenwirken in der Erzählung.

Mögliche Lösung in knapper Fassung:
Insbesondere die romantische Erzählprosa integriert lyrische Gedichte mit dem Ziel, eine Universalpoesie zu etablieren, in der sich die einzelnen Gattungen zu einer Einheit verbinden. Die Grenzen zwischen den sonst getrennten literarischen Sprechweisen sollen aufgehoben werden, objektive Handlungsräume sowie Geschehenszusammenhänge und subjektive Reflexion des Erlebten ineinander übergehen. Dichtung in ihrer Ausdrucksvielfalt soll das ganze Leben durchdringen, ohne künstliche Gattungsgrenzen aufzubauen.

Romantische Kunst verwirklicht sich in der Verschmelzung der gegebenen Ausdrucksmöglichkeiten. Die äußere Welt mit ihren Erfahrungen und Geschehnissen, das, was in der Prosa darstellbar ist, wird in der lyrischen Poesie von innen heraus durchdrungen.

Im Gedicht behauptet sich das künstlerische Subjekt gegen die ihm gegenüberstehende Welt. Die Kunst vertieft die prosaische Wirklichkeit und poetisiert sie im Sinn des lyrischen Subjekts.

INTERPRETATION

Im Gedicht drücken sich die tiefsten Sehnsüchte des Einzelnen aus. Insofern steht in den meisten eingestreuten Versen der Wunsch nach dem Aufbruch und der Ferne im Mittelpunkt. Sowohl der Aufbruch aus der väterlichen Mühle als auch der Aufbruch aus dem Schloss bei Wien werden lyrisch begleitet durch das Lied *Wem Gott will rechte Gunst erweisen*. Nur unterwegs sind die Wun-

4 REZEPTIONS-GESCHICHTE	5 MATERIALIEN	6 PRÜFUNGS-AUFGABEN

der der Welt erfahrbar, während die Trägen zu Hause die Welt im Grunde verpassen, indem sie aus dem Alltagseinerlei nicht herausfinden. Der Wanderer aber ist eins mit der überall bewegten Natur, mit den springenden Bächen wie mit den schwirrenden Lerchen. Leben heißt nie endende Bewegung, unendliches Werden nach dem Willen Gottes.

Auch andere, wie der Maler Guido, schwingen ein in die Melodie der grenzenlosen Bewegtheit. Zeit des Aufbruchs ist der Morgen mit seinen Zukunftsverheißungen: *Fliegt der erste Morgenstrahl.* Im Gesang breiten sich die Schwingen der Sehnsucht aus und tragen den Einzelnen fort in die Welt. Der Taugenichts weiß aber auch, dass das Wandern in die Ferne erst dann höchstes Glück beschert, wenn es vereint mit der Geliebten geschieht, *Wer in die Ferne will wandern,/Der muss mit der Liebsten gehn.* In der liebenden Gemeinschaft von Mann und Frau erschließt die Welt sich in ihrer Ganzheit und Fülle. Wie das Wandern Aufbruch aus der räumlichen Enge bedeutet, so bedeutet die Liebe den Aufbruch aus der persönlichen Beschränkung. Daher ist das einzig lohnenswerte Ziel die Geliebte selbst. In *Wenn ich ein Vöglein wär,* zeigt sich das darin, dass er sich zu ihr schwingen würde, weil vereint mit ihr alle Halbheit und alle Begrenzung ein Ende haben.

Ironisch kontrastiert das auf dem Schiff angestimmte Studentenlied mit der in vielen Liedern ausgedrückten Sehnsucht nach persönlicher Entgrenzung. Der in lateinischen Versen beschworene Wunsch nach Sesshaftigkeit und dem ungestörten Frieden des eigenen Herdes ist ganz und gar unromantisch und mehr ein Wunschtraum der Philister. Nicht zufällig ist er abgesetzt von anderen Liedern durch ein weitgehend banales Küchenlatein.

In letzter Konsequenz richtet sich das Fernweh aber auch auf den Aufbruch aus der Welt in ein jenseitiges Leben, wie sich an *Schweigt der Menschen laute Lust* erkennen lässt. Das vom Maler

Guido angestimmte Lied erklingt bezeichnenderweise am Abend, am Ende der Zeit, wenn die Sehnsucht über die Grenzen des Tages hinausreicht in ein anderes Dasein. Zweimal erklingt das Lied und beschwört die Träume der Erde von der alten Zeit eines ewigen Einsseins, von den wunderbar himmelwärts rauschenden Bäumen und dem verheißungsvollen Wetterleuchten, das wie ein transzendentes Signal die Brust erleuchtet. Aufbruch bedeutet am Ende des Tages Abschied von der Welt mit dem Ziel aus der Endlichkeit in die Unendlichkeit einzugehen.

Die eingestreuten Lieder untermalen das Geschehen wie eine unendliche Melodie, die der erzählten Geschichte erst ihren tiefsten Sinn gibt. Nur in der Kunst des lyrischen Sprechens ist es möglich, das Verständnis der Wirklichkeit zu vertiefen und die tiefsten Sehnsüchte des Menschen zu artikulieren. Erzählen mündet in das Bedeuten, die erfahrbare Sinnlichkeit des Daseins in die Ahnung seines eigentlichen Sinns. Das lyrische Sprechen entgrenzt die prosaische Wirklichkeit und macht sie durchsichtig für die tiefen Wahrheiten menschlicher Existenz.

| 4 REZEPTIONS-GESCHICHTE | 5 MATERIALIEN | 6 PRÜFUNGS-AUFGABEN |

LITERATUR

Zitierte Ausgaben:

Joseph von Eichendorff: *Aus dem Leben eines Taugenichts.*
Hamburger Lesehefte Verlag, Husum/Nordsee 2010.
Hamburger Leseheft Nr. 5. Heftbearbeitung: F. Bruckner und
K. Sternelle (Text in neuer Rechtschreibung, Textverweise
sind mit **HL** gekennzeichnet)

Joseph von Eichendorff: *Aus dem Leben eines Taugenichts.*
Reclam UB (2354). Hrsg. v. Hartwig Schulz. Stuttgart 2001
(Text in neuer Rechtschreibung, Textverweise sind mit **R**
gekennzeichnet)

Textausgabe:

Sämtliche Werke des Freiherrn Joseph von Eichendorff.
Historisch-kritische Ausgabe (HKA). Begründet von Wilhelm
Kosch und August Sauer. Fortgeführt und herausgegeben von
Hermann Kunisch. Regensburg 1908 ff. und Tübingen 1962 ff.
(Zitiert als HKA)

Nachschlagewerk:

Gero von Wilpert: *Sachwörterbuch der Literatur.* Stuttgart
(Kröner) 2001

Biografische Erfassungen:

Korte, Hermann: *Joseph von Eichendorff.*
Rowohlts Monografien 1490. Reinbek 2000

Schiwy, Günther: *Eichendorff. Eine Biografie.*
München (Beck) 2000

LITERATUR

Sekundärliteratur:

Bormann, Alexander von: *Joseph von Eichendorff: Aus dem Leben eines Taugenichts.* In: Erzählungen und Novellen des 19. Jahrhunderts. Interpretationen. Bd. 1, Stuttgart 1988 (Reclams Universal-Bibliothek 8413), S. 339–379

Brentano, Clemens: *Der Philister vor, in und nach der Geschichte. Scherzhafte Abhandlung.* In: Clemens Brentano, Werke 2, Studienausgabe Hanser, München 2. Aufl. 1973, S. 959–1003

Haar, Carel ter: *Joseph von Eichendorff. Aus dem Leben eines Taugenichts.* Text, Materialien, Kommentar. München 1977 (Hanser Literatur-Kommentare 6.)

Hillach, Ansgar: *Aufbruch als novellistisches Ereignis. Joseph von Eichendorff: Aus dem Leben eines Taugenichts.* In: Winfried Freund (Hrsg.): Deutsche Novellen. München (UTB Fink) 1993, S. 73–83

Köhnke, Klaus: *Homo viator. Zu Eichendorffs Erzählung Aus dem Leben eines Taugenichts.* In: Aurora 42 (1982) S. 24–56

Kunz, Joseph: *Eichendorff, Höhepunkt und Krise der Spätromantik.* Darmstadt (WBG) 1951, 2 1967

Lämmert, Eberhard: *Eichendorffs Wandel unter den Deutschen. Überlegungen zur Wirkungsgeschichte seiner Dichtung.* In: Die deutsche Romantik. VR Kleine Vandenhoeck Reihe. Göttingen 1967, S. 219–252

Poser, Hans: *Joseph von Eichendorff: Aus dem Leben eines Taugenichts.* In: Jakob Lehmann (Hrsg.): Deutsche Novellen von Goethe bis Walser. Interpretationen für den Literaturunterricht, Bd. 1. Von Goethe bis C. F. Meyer. Literatur + Sprache + Didaktik. Scriptor Taschenbücher 155. Königstein/ Ts. 1980, S. 105–124

Mühlher, Robert: *Eichendorffs Erzählung Aus dem Leben eines Taugenichts: Ein Beitrag zum Verständnis des Poetischen.* In: Aurora 22 (1962), S. 13–44

Paulsen, Wolfgang: *Eichendorff und sein Taugenichts. Die innere Problematik des Dichters in seinem Werk.* Bern/München 1976

Polheim, Karl Konrad: *Neues vom Taugenichts.* In: Aurora 43 (1983), S. 32–54

Rodewald, Dierk: *Der Taugenichts und das Erzählen.* In: ZfdPh. 92, 1973, S. 231–259

Schultz, Hartwig: *Joseph von Eichendorff: Aus dem Leben eines Taugenichts,* Erläuterungen und Dokumente. Reclam, Stuttgart 1994

Stöcklein, Paul (Hrsg.): *Eichendorff heute.* Stimmen der Forschung mit einer Bibliografie. Darmstadt (WBG) 1966

Wiese, Benno von: *Joseph von Eichendorff. Aus dem Leben eines Taugenichts.* In: B. v. W. Die deutsche Novelle von Goethe bis Kafka. Düsseldorf 1956, S. 79–96

Deutsche Verfilmungen:
Aus dem Leben eines Taugenichts. DDR 1973.
    Regie und Drehbuch: Celino Bleiweiß.
Taugenichts. BRD 1977.
    Regie: Bernhard Sinkel.
    Drehbuch: Bernhard Sinkel und Alf Brustellin.

STICHWORTVERZEICHNIS

Ankunft/Ankommen 42, 45, 54, 99, 105
Aufbruch 34, 39, 46, 49, 54, 85, 95, 99, 102
Barrikadenkämpfe 6, 24
Bauernbefreiung 23
Befreiungskriege 6, 23
Bildungsreform 23
Entgrenzung 57, 107
Fensterblick 9, 72, 75
Französische Revolution 21, 95
Ich-Erzählweise 9, 76
Individualität 84, 97
Industrialisierung 6, 24
Ironie 9, 72, 76 f., 81, 82 f.
Koalitionskriege 6, 21
Landschaftsdarstellung 9, 72 f., 75
Lebensideal 58 f.
Lebenswirklichkeit 58 f.
Liberalisierung 6
Liebe 28 f., 32, 51, 61 ff., 81, 96, 103, 105, 107
Lyrik 9, 26 f., 72, 77, 80
Märchenheld(en) 53, 58 f., 61, 81, 84
Napoleon 6, 13 f., 15, 22, 95, 99

Novelle(n) 26 ff., 84, 86
Philister 9, 13, 37, 54, 59, 61 ff., 77 f., 85, 90, 93, 100 ff.
Poesie 27, 100, 106
Restaurationszeit 21, 23
Satiren 26, 30
Sehnsucht 27, 39, 55 f., 77, 85, 90 f., 95, 101, 107 f.
Spätromantik 9, 25 f., 95
Synästhesie 72, 75
Syntax 9
Tageszeit(en) 9, 72, 76
Verwicklungen 51, 85, 90
Weberaufstand 24